Collection **marabout service**

Direction de l'édition	yann delalande
Direction littéraire	françoise dequenne
Direction des collections informatiques	ghéorghiï grigorieff
Mise en page	stéphane mailleux
Composition	les ateliers virga processing
Couverture	jean verscheure

Composition et mise en page sur la chaîne de micro-édition Apple (Mac IICx® et Laserwriter II NTX®).

J.-P. Mesters
B. Otlet

De dBase III®
à dBase IV® 1.1
facile

MARABOUT

Sommaire

Introduction

Une douzaine d'années se sont écoulées depuis qu'un informaticien américain voulut révolutionner la gestion de fichiers sur ordinateur personnel. En créant le programme VULCAN, Wayne Ratliff désirait simplement, en investissant «quelques heures» au départ, faciliter la gestion des résultats du championnat américain de football.

Commercialisé sous le nom de dBase II par Ashton-Tate, ce programme connut, dès le départ, un immense succès. Il est vrai que, face à la gestion de fichiers en langage Basic (le seul correctement développé sur les micro-ordinateurs de l'époque), ce «petit» utilitaire avait de quoi séduire…

La première évolution marquante allait venir de l'apparition de dBase III, évolution logique de dBase II, réécrit en langage C. Les nouvelles possibilités et fonctionnalités étaient séduisantes. Rares furent ceux qui y opposèrent quelque résistance…

dBase III+ semblait apporter les ultimes réponses attendues par les derniers réfractaires. Mais l'évolution de la micro-informatique réservait quelques surprises et les clones se multiplièrent.

dBase IV, à la fois plus puissant et plus rapide doit satisfaire les plus exigeants, d'autant plus que les petits problèmes de la version 1.0 ont été résolus par la version 1.1.

Ce livre s'adresse à tous les utilisateurs des anciennes versions de dBase qui voudraient rapidement s'adapter aux nouveautés de dBase IV.

Dans ce but, le **«Tour d'horizon»** brosse un rapide aperçu des modifications et apports de dBase IV par rapport à dBase III Plus et expose notamment, dans un tableau synthétique, les possibilités et limites des différentes versions.

Le chapitre 1 **«De dBase III à dBase III Plus»** fournit un aperçu de l'évolution des commandes et fonctions entre ces deux versions.

Le chapitre 2 **«De dBase III Plus à dBase IV»** examine dans le détail les apports de dBase IV. Les modifications apportées par la version 1.1 y sont également mentionnées.

Le chapitre 3 **«De dBase IV 1.0 à dBase IV 1.1»** reprend les améliorations importantes de la version 1.1, principalement au niveau de la gestion de la mémoire et du disque dur.

L'annexe 1 **«Le transfert de fichiers entre les différentes versions»** vous aidera à transférer des fichiers d'une version à une autre, aussi bien dans le sens ascendant (de dBase III vers dBase IV) que descendant.

L'annexe 2 **«Syntaxe des commandes et des fonctions»** reprend par ordre alphabétique la syntaxe des commandes et des fonctions nouvelles et améliorées, à partir de dBase III Plus, en mettant en évidence les apports de chaque version.

L'annexe 3 présente la structure des fichiers d'exemple.

L'annexe 4 détaille, octet par octet, l'organisation d'un fichier de base de données.

L'annexe 5 propose les extensions réservées par dBase IV pour chacun des fichiers qu'il produit.

Note

Pour permettre à l'utilisateur de mieux comprendre la syntaxe des commandes de dBase IV, voici les conventions utilisées dans ce livre:

- les crochets <> encadrent les éléments que l'utilisateur doit entrer;
- les crochets [] encadrent les éléments optionnels;
- la barre / sépare deux options entre lesquelles l'utilisateur doit faire son choix.

Ces règles sont toujours respectées sauf dans le cas des variables indicées où les parenthèses carrées [] sont utilisées pour en désigner les dimensions. A cette occasion, ce sont les accolades { } qui encadrent les parties optionnelles des commandes.

Tour d'horizon des nouveautés

Après une comparaison synthétique entre les différentes versions de dBase, nous parcourrons rapidement les nouvelles fonctionnalités apportées par dBase IV; nous attendrons les chapitres suivants pour entrer dans les détails, nous limitant ici à une première approche panoramique.

Possibilités et limites comparées des différentes versions

Nous dressons ci-dessous la liste comparée des potentialités respectives des quatre versions de dBase.

L'utilisateur pourra constater que si dBase III et dBase III+ étaient assez limités, les versions IV du logiciel n'ont de limites que celles du DOS et de la capacité du système. Ce qui entraîne en contrepartie un accroissement important de l'occupation sur le disque et en mémoire vive.

	dBIII	dBIII+	dBIV 1.0	dBIV 1.1
MS-DOS minimum	2.11	2.11	2.11	2.11
Utilisation en réseau	non	oui	oui	oui
Place occupée par le logiciel sur disque	180 Ko	600 Ko	3.5 Mo minimum	3.5 Mo[1] minimum
Mémoire vive minimum nécessaire	256 Ko	360 Ko	516 Ko	450 Ko Gestion de la mémoire étendue
Nombre maximum de fichiers ouverts simultanément (tous types confondus)	15	15	99	99[2]
Nombre maximum de bases de données ouvertes simultanément	10	10	10	10
Nombre maximum d'index actifs par base de données	7	7	47	47
Nombre maximum d'enregistrements par base de données	1 milliard	1 milliard	1 milliard	1 milliard
Nombre maximum de caractères par base de données	2 milliards	2 milliards	2 milliards	2 milliards

1 Il est à noter que dBase IV crée de nombreux fichiers temporaires pour lesquels il est nécessaire de prévoir de l'espace sur le disque dur.

2 La limite est en fait fixée par la commande FILES du fichier CONFIG.SYS du DOS.

Nombre maximum de caractères par enregistrement	4000	4000	4000	4000
Nombre maximum de champs par en-registrement	128	128	255	255
Largeur maximum d'un champ 'caractère'	254 caractères	254 caractères	254 caractères	254 caractères
Longueur maxi-mum d'un champ numérique	19 caractères	19 caractères	20 caractères	20 caractères
Longueur maxi-mum d'un champ 'mémo'	5000 caractères	5000 caractères	64 Ko	64 Ko
Nombre maximum de variables en mémoire vive	256	256	15000	15000
Précision mathéma-tique (en chiffres)	15,9	15,9	15,9 à 20	15,9 à 20
Limites de traite-ment des valeurs numériques	1,0 E-307 à 0,9 E+308	1,0 E-307 à 0,9 E+308	1,0 E-307 à 0,9 E+308	1,0 E-307 à 0,9 E+308
Longueur maxi-mum d'une ligne de commande (nombre de caractères)	254	254	255 au prompt 1024 dans une fenêtre d'édition	255 au prompt 1024 dans une fenêtre d'édition
Longueur maxi-mum d'un fichier de programme	5000 caractères	5000 caractères	64 Ko	64 Ko
Nombre de fenêtres ouvertes simulta-nément	-	-	20	20
Nombre de macro-commandes dispo-nibles simultané-ment	-	-	35	35

❐ Les limites

Un enregistrement peut contenir jusqu'à 255 champs dont la longueur peut atteindre 255 caractères.

99 fichiers peuvent être ouverts simultanément mais la limite reste fixée à 10 pour les fichiers de base de données.

❐ Le centre de contrôle

Le mode assisté de dBase III Plus a été remplacé par un centre de contrôle plus fonctionnel et plus facile à utiliser.

Ce centre affiche le nom de tous les fichiers du catalogue actif et en assure également l'accès.

De plus, il permet d'utiliser un plus grand nombre de possibilités du logiciel.

Il est équipé également d'un utilitaire permettant de gérer de façon interactive les fichiers DOS et les répertoires sur le disque dur et les disquettes.

❐ Le système d'aide

Comme dans les versions antérieures, l'utilisateur peut, à tout moment, faire appel à une aide appropriée au contexte.

Toutefois, cette aide est désormais équipée d'un index des commandes; de plus, elle autorise un accès direct aux thèmes en relation avec la rubrique consultée.

❒ L'édition des commandes

En mode interactif, c'est-à-dire lorsque le point (.), symbole de disponibilité du logiciel, s'affiche, l'éditeur de texte est accessible en permanence.

Il suffit, pour l'activer, d'enfoncer les touches Ctrl-Home.

De ce fait, la longueur des commandes n'est plus limitée à 255 caractères mais peut atteindre 1.024.

❒ Un nouveau type de données

Les nombres peuvent être représentés sous deux formats: le type numérique et le type flottant.

Le type numérique accepte les nombres en virgule fixe.

Le type 'flottant' accepte les nombres en virgule flottante et sera plus adapté au calcul scientifique pour les très grands et les très petits nombres.

❒ Les dates

Dorénavant, l'utilisateur n'est plus contraint de recourir aux fonctions CTOD() et DTOC() pour traiter les dates. Il suffit en effet d'entourer les données d'accolades { }.

Pour les clés d'index concaténées comportant une date, la fonction DTOS() convertit les dates dans un format caractère assurant une indexation correcte et ce, quel que soit le format d'affichage de date adopté (american, french, ANSI...).

❐ Les champs mémo

Par le passé, lorsque l'utilisateur désirait encoder ou modifier le contenu d'un champ mémo, il perdait l'affichage du masque de saisie des autres données.

Il lui est maintenant possible, dans les formats d'écran, de demander l'affichage des champs mémo dans une fenêtre ménagée au sein du masque.

Dans de nombreux cas, ces champs peuvent être traités de façon comparable aux champs de type caractère et donc faire l'objet de conditions de recherche.

De plus, lors du compactage du fichier de données par la commande PACK, dBase traite également le fichier .DBT, c'est-à-dire celui qui contient le texte des champs mémo.

❐ Les index

En plus des possibilités déjà offertes par dBase III Plus, dBase IV gère des fichiers d'index multiples (.MDX) où 47 index maximum sont ouverts automatiquement avec la base de données et donc également remis à jour instantanément.

dBase IV offre en outre la possibilité d'indexer en ordre descendant.

❐ Les écrans BROWSE et EDIT

Alors que ces deux modes étaient précédemment dissociés, l'utilisateur peut aujourd'hui basculer de l'un à l'autre par simple activation de la touche DATA (F2).

En outre, tous deux sont désormais pourvus de menus déroulants permettant de réaliser ajouts, suppressions et recherches d'enregistrements ainsi que d'annuler la dernière opération réalisée.

De plus, le contrôle des actions autorisées est plus précis.

L'affichage dans l'écran BROWSE n'est plus limité aux champs définis dans la structure du fichier mais peut également intégrer le résultat de champs calculés.

❐ Les fonctions financières

dBase IV propose trois fonctions financières :

FV()	*(valeur actuelle de versements)*
PV()	*(valeur future de versements)*
PAYMENT()	*(remboursement d'un emprunt)*

❐ Les calculs statistiques

dBase IV introduit une nouvelle commande (CALCULATE) qui effectue six opérations statistiques: la moyenne, le décompte, le maximum, le minimum, l'écart-type et la variance.

❐ La mise en relation

Précédemment, chaque fichier dBase ne pouvait être mis en relation qu'avec un seul autre fichier, même si cette relation pouvait s'établir en cascade.

Dans dBase IV, chaque fichier peut être “parent” de plusieurs “enfants”.

❐ Les extractions et les vues

La création de filtres d'extraction a été complètement remodelée pour fournir maintenant un système très complet de ‘Recherche par l'exemple’ (Query By Example) en mode plein écran.

Cet écran permet de créer des vues (extraction d'enregistrements et sélection de champs) avec mise en relation de bases de données et intégration de champs calculés.

Les calculs statistiques et la mise à jour d'une base de données sont également possibles.

❐ Les rapports et les étiquettes

Lors de la mise en forme des rapports et des étiquettes, l'utilisateur n'est plus contraint de se limiter exclusivement à l'utilisation des menus mais peut dorénavant manipuler les objets qu'il définit en mode pleine page.

Grâce à ces nouvelles possibilités, l'écran reflète beaucoup mieux le résultat que produira l'impression.

L'utilisateur peut encore, dans les rapports, traiter un nombre illimité de sous-groupes et employer des fonctions statistiques.

Lors de la sauvegarde et/ou de l'utilisation des formats, ces deux utilitaires génèrent de vrais programmes que l'utilisateur pourra lire modifier et utiliser.

❐ Les écrans de saisie

Les outils de création et d'édition sont plus nombreux, notamment pour le tracé et la manipulation des cadres.

Les options de présentation du contenu des champs et les contrôles de saisie ont été fortement développés. Les champs calculés sont maintenant autorisés.

❐ La compilation automatique

Pour atteindre un maximum de vitesse d'exé-cution, tous les fichiers de commandes et objets (formats de rapports, d'écrans et d'étiquettes) sont automatiquement compilés lorsque l'utilisateur les crée ou les modifie.

❐ Les fenêtres

dBase III était totalement dépourvu de gestion des fenêtres; tout au plus permettait-il d'afficher des cadres graphiques élémentaires.

Dans la nouvelle version, d'authentiques fenêtres sont créées et gérées, ce qui améliore et enrichit l'affichage des données.

❐ Les macro-commandes

Elles enregistrent et “rejouent” une succession de touches, aussi bien en mode direct que dans le centre de contrôle.

❒ Le générateur d'applications

dBase IV est équipé d'un générateur d'applications grâce auquel l'utilisateur peut développer automatiquement, par menus interactifs, des applications relativement sophistiquées.

Quant au programmeur expérimenté, il pourra employer ce générateur pour s'éviter la tâche pénible de composition des menus.

❒ Une boucle

Une nouvelle commande baptisée SCAN... ENDSCAN facilite la programmation des boucles en remplaçant les commandes du type DO WHILE .NOT. EOF().

❒ Les masques de saisie

De nouveaux compléments ont été ajoutés à la commande @...GET; ceux-ci permettent le contrôle de la validation des saisies, l'utilisation plus aisée des couleurs, etc.

❒ Les fonctions définies par l'utilisateur

L'utilisateur peut désormais définir des sous-programmes comme étant des fonctions qui s'utilisent dès lors comme les fonctions habituelles de dBase.

❒ Les procédures

Dans dBase IV, les procédures ne doivent plus être gérées dans un fichier extérieur. En effet, elles peuvent désormais faire partie intégrante du fichier de commandes proprement dit.

❒ Les variables indicées

Dans les versions antérieures de dBase, si l'utilisateur voulait gérer des variables dimensionnées, il devait travailler au second degré, c'est-à-dire concaténer les éléments composant le nom de la variable dans une autre variable et utiliser la fonction macro &.

dBase IV lui offre la possibilité de gérer de vraies variables indicées à une ou deux dimensions.

❒ L'utilisation en réseau

dBase IV est doté d'un certain nombre de nouvelles fonctionnalités permettant de mieux protéger l'intégrité des données et de gérer efficacement les accès simultanés à l'information.

1

De dBase III à dBase III+

L'entrée des commandes

SET HISTORY ON/off
SET DOHISTORY on/OFF
SET HISTORY TO
DISPLAY / LIST HISTORY

❒ Le mode ASSIST

Il fonctionne par menus déroulants. Comme son prédécesseur, dBase III+ écrit toujours la commande en toutes lettres à l'écran au fur et à mesure des choix effectués mais l'aide est plus précise et plus complète.

❒ L'éditeur de lignes en mode direct

Par défaut, les 20 dernières lignes de commande sont mémorisées et peuvent être récupérées, en appuyant sur la flèche vers le haut ou vers le bas, pour une nouvelle exécution (après modifications éventuelles).

Cette nouvelle fonction est valable tant pour le mode direct que pour un programme en cours d'exécution.

En mode 'direct', elle est active par défaut.

En mode 'programme', elle est inactive par défaut.

➢ Pour désactiver cette mémorisation en mode direct:

```
SET HISTORY OFF
```

Par contre, il faut la demander pour qu'elle fonctionne en mode programme:

```
SET DOHISTORY ON
```

➢ Pour modifier le nombre de lignes de commandes mémorisées (de 0 à 16000 lignes):

SET HISTORY TO <nombre de lignes>

➢ Pour afficher ou imprimer la liste des dernières commandes:

LIST / DISPLAY HISTORY

Comme pour toutes les commandes d'affichage, vous pouvez envoyer le résultat vers l'imprimante en ajoutant le complément **TO PRINT.**

Et si, par exemple, seules les 30 dernières lignes vous intéressent, complétez la commande par **LAST 30.**

L'environnement

DISKSPACE()
VERSION()
OS()
GETENV()
ISCOLOR()
FKLABEL()
FKMAX()

Quelques fonctions, surtout utiles en programmation, permettront, au moyen des tests appropriés, d'adapter une application à l'environnement tant au point de vue du matériel que du système d'exploitation.

➢ Pour connaître l'espace encore disponible (en nombre d'octets) sur le disque utilisé par défaut:

DISKSPACE()

Exemple:

```
IF DISKSPACE()<20480
  @39,1 SAY "IL RESTE SEULEMENT 20 KO SUR;
  LE DISQUE"
ENDIF
```

➢ Pour connaître la version de dBase utilisée:

VERSION()

Exemple:

```
. ? VERSION()
DBASE III PLUS VERSION 1.0
```

➢ Pour connaître le nom et la version du système d'exploitation:

OS()

Exemple:

```
. ? OS()
DOS 4.01
```

➢ Pour obtenir certaines informations sur le système d'exploitation:

GETENV(<"information demandée">)

L'information demandée pourra être:

- le chemin d'accès de COMMAND.COM:

  COMSPEC

- les chemins d'accès aux fichiers exécutables:

  PATH

- le prompt:

  PROMPT

Exemple:

```
. ? GETENV("COMSPEC")
C:\DOS\COMMAND.COM

. ? GETENV("PATH")
C:\;C:\DOS;C:\DBASE

. ? GETENV("PROMPT")
$P$G
```

➢ Pour déterminer les caractéristiques d'affichage, il est intéressant de savoir si la carte graphique utilisée par l'ordinateur est une carte couleur (la valeur logique .T. est renvoyée) ou monochrome (la valeur logique .F. est renvoyée):

  ISCOLOR()

Le clavier pourra lui aussi être examiné au moyen de deux fonctions qui identifieront les touches de fonction programmables, ce qui rendra service pour en programmer l'utilisation.

➢ Pour connaître le nombre de touches de fonction programmables disponibles sur l'ordinateur utilisé:

  FKMAX()

➢ Pour connaître le nom d'une touche de fonction dont le numéro de code est fourni:

  FKLABEL(<numéro de code>)

Les touches de fonctions portent le code suivant:

Touches	Codes
F2 à F10	1 à 9
Ctrl-F1 à Ctrl-F10	10 à 19
Maj-F1 à Maj-F9	20 à 28

Exemple:

```
SET TALK OFF
CLEAR
N=1
?? "LES TOUCHES DE FONCTION DISPONIBLES:"
?
DO WHILE FKMAX() >= N
   ? FKLABEL(N)
   N=N+1
ENDDO
SET TALK ON
```

Résultat:

```
LES TOUCHES DE FONCTION DISPONIBLES:
F2   F3   F4   F5   F6   F7   F8   F9   F10
```

La ligne d'état

SET STATUS on/OFF
SET MESSAGE TO

La ligne d'état est plus complète et elle peut rester affichée en permanence dans le bas de l'écran:

SET STATUS ON

Cette ligne d'état fournit, outre l'état du clavier et le nom de la base de données active, le nom de la commande en cours d'exécution, le nom du disque actif par défaut, le nombre total d'enregistrements et le numéro de l'enregistrement pointé.

```
Mode interactif ‖<E:>‖EMPLOYES              ‖Enr: 9/245 ‖     ‖Num Min
```

Si la ligne d'état est affichée (SET STATUS ON) on pourra afficher un message personnalisé sur la 25e ligne de l'écran:

SET MESSAGE TO <texte du message>

Exemple:

```
SET STATUS ON
SET TALK OFF
NOM=SPACE(30)
SET MESSAGE TO "QUEL NOM CHERCHEZ-VOUS ?"
@15,2 SAY "NOM: " GET NOM
READ
SET MESSAGE TO
SET TALK ON
```

Résultat:

```
    nom: ░░░░░░░░░░░░░░░░░░░░░░░░░░░░░░
Commande         ‖<C:>‖                   ‖              ‖Ins   ‖Num Min
                      Quel nom cherchez-vous ?
```

Les bases de données

DBF()	**INDEX ON**
FIELD()	**NDX()**
SET MEMOWIDTH TO	**RECSIZE()**
SET ORDER TO	**RECCOUNT()**
SET INDEX TO	

❒ La base de données active

➢ Pour connaître le nom de la base de données active:

DBF()

➢ Pour connaître le nom d'un champ en fonction de son numéro d'ordre dans la structure de la base de données active:

FIELD()

➢ Pour savoir combien d'enregistrements compte la base de données active:

RECCOUNT()

Exemple:

```
SET TALK OFF
USE EMPLOYES
N=1
? "LA BASE DE DONNEES ACTIVE EST " + DBF()
? "LES CHAMPS:"
DO WHILE FIELD(N) > " "
? FIELD(N)
N=N+1
ENDDO
? "ELLE COMPTE " + LTRIM(STR(RECCOUNT())) +;
" ENREGISTREMENTS"
SET TALK ON
```

Résultat:

```
LA BASE DE DONNEES ACTIVE EST
C:EMPLOYES.DBF
LES CHAMPS:
NUMERO
NOM
ENTREE
FONCTION
SALAIRE
COMMISS
PRIME
SERVNO
ELLE COMPTE 245 ENREGISTREMENTS
```

➢ Pour connaître la taille d'un enregistrement de la base de données active:

RECSIZE()

Exemple:

```
@5,1 SAY "VOUS POUVEZ ENCORE ENTRER"
@5,27 SAY STR(INT(DISKSPACE()/RECSIZE()));
+ " ENREGISTREMENTS"
```

❒ Les champs mémo

Par défaut, la largeur d'affichage des champs 'mémo' est de 50 caractères. Pour modifier cette largeur:

SET MEMOWIDTH TO <largeur>

❒ Les index

La commande de création d'index s'enrichit d'un complément qui permet d'éliminer directement les doublons. Ce qui rend caduque l'utilisation de la commande SET UNIQUE ON.

➢ Pour créer un index en éliminant directement les doublons:

INDEX ON <expression clé> TO <fichier d'index> UNIQUE

Avec dBase III, il fallait entrer deux lignes de commandes:

```
. USE BIBLIO
. SET UNIQUE ON
. INDEX ON AUTEUR TO AUT_UNIQ
```

Avec dBase III Plus, il suffit d'entrer:

```
. USE BIBLIO
. INDEX ON AUTEUR TO AUT_UNIQ UNIQUE
```

Quand plusieurs index sont ouverts, avec dBase III, le premier était l'index maître. Pour changer d'index maître, il fallait ouvrir à nouveau la liste d'index en plaçant en tête le futur maître de la base de données.

dBase III Plus complète la commande SET INDEX TO et ajoute deux commandes supplémentaires.

➢ Pour indiquer l'index maître tout en ouvrant la liste d'index:

SET INDEX TO <liste d'index> ORDER <nom de l'index maître>

Une fois les index ouverts, dBase III Plus les identifie par un numéro correspondant à l'ordre dans lequel ils ont été ouverts. Pour indiquer celui qui doit devenir maître et donc organiser la base de données, il suffit de donner son numéro d'ordre:

SET ORDER TO <numéro d'ordre>

Utilisée seule, la commande rétablit la base de données dans l'ordre naturel (l'ordre de la saisie).

Il sera alors facile de retrouver le nom d'un index ouvert, en fournissant son numéro d'ordre d'ouverture:

NDX(<numéro d'ordre>)

Exemple:

```
. USE BIBLIO
. SET INDEX TO EDITEUR,AUTEUR,DATE ORDER
DATE
```

L'index maître est DATE.

```
. SET ORDER TO 2
```

L'index maître est maintenant AUTEUR.

```
. ? NDX(1)
EDITEUR

. ? NDX(2)
AUTEUR

. ? NDX(3)
DATE
```

La consultation et la mise à jour

EDIT
BROWSE
SET FIELDS on/OFF
SET FIELDS TO
CLEAR FIELDS
LUPDATE()
CREATE SCREEN
MODIFY SCREEN
SET FORMAT TO

❐ Les commandes d'édition 'plein écran'

Les traditionnelles commandes de consultation et de mise à jour, EDIT et BROWSE, ont été complétées.

On peut maintenant limiter l'action de EDIT à certains champs et sélectionner les enregistrements sur lesquels elle doit porter:

EDIT [FIELDS <liste de champs>]
[FOR/WHILE <condition>] [<étendue>]

Exemple:

```
. USE EMPLOYES
. EDIT FIELDS NOM,SERVNO,ENTREE
```

Résultat:

```
NOM          DUMOULIN
SERVNO       4
ENTREE       06/10/87
```

Le fonctionnement de la commande BROWSE peut lui aussi être limité en empêchant l'accès au menu et en interdisant l'ajout d'enregistrements. D'autre part, on peut imposer directement une largeur à toutes les colonnes.

BROWSE [FIELDS <liste de champs>]
[FREEZE <nom de champs>]
[LOCK <nombre de colonnes>]
[NOMENU] [NOAPPEND]
[WIDTH <largeur des colonnes>]

Exemple:

```
. USE EMPLOYES
. BROWSE FIELDS NOM, NUMERO, SERVNO,
SALAIRE, COMMISS, PRIME, ENTREE FREEZE
SALAIRE NOAPPEND NOMENU
```

Résultat:

```
NOM------------ NUMERO SERVNO SALAIRE-- COMMISS-- PRIME ENTREE--
DUMOULIN            45      4      9500      1230       06/10/87
MANITAS             12      2     10200       580       02/03/85
```

Seul le champ SALAIRE peut être modifié. Le menu est inaccessible et il est impossible d'ajouter de nouveaux enregistrements.

Au lieu d'indiquer chaque fois dans la ligne de commande EDIT ou BROWSE la liste des champs que l'on veut éditer, il est plus facile de déterminer cette liste une seule fois avant d'exécuter les commandes de mise à jour et de consultation.

➢ Pour définir la liste des champs auxquels on souhaite laisser l'accès:

SET FIELDS TO <liste des champs>

Il faut encore activer cette sélection:

SET FIELDS ON

Et pour annuler cette restriction:

CLEAR FIELDS

Exemple:

```
. SET FIELDS TO NOM,NUMERO,SERVNO
```

La liste est définie mais tous les champs sont encore disponibles.

```
. SET FIELDS ON
```

L'accès est limité à la liste de champs.

```
. SET FIELDS OFF
```

Tous les champs sont de nouveaux disponibles.

Notez que les commandes d'affichage, de copie et de calcul tiennent également compte de la sélection des champs.

Une nouvelle fonction récupère la date de la dernière mise à jour de la base de données active:

LUPDATE()

Exemple:

```
USE EMPLOYES
IF LUPDATE()<=DATE()
  !COPY EMPLOYES.DBF A:
ENDIF
```

❐ Les écrans personnalisés de saisie et de consultation

Un éditeur facilite la création et la modification des écrans de saisie et de consultation des données. Il préfigure celui que l'on utilise dans dBase IV.

Il permet:

- de positionner les champs sur l'écran et, pour chacun d'eux, de déterminer un masque de saisie ainsi que des limites de saisie;
- d'introduire des commentaires, des titres;
- de tracer des lignes et des cadres.

➢ Pour créer un format d'écran:

CREATE SCREEN <nom de fichier>

Pour chaque écran, l'éditeur crée un fichier de format d'écran (extension FMT) et un fichier de génération d'écran (extension SCR).

➢ Pour modifier un format d'écran:

MODIFY SCREEN <nom de fichier-écran>

Les écrans créés seront utilisés par les commandes APPEND et EDIT (en mode direct) ou encore dans un programme par la commande:

SET FORMAT TO <nom du fichier-écran>

Le fichier FMT pourra être intégré tel quel dans un programme en tant que procédure par exemple.

Exemple:

CREATE SCREEN SAIS_EMPL

```
Configurer              Modifier              Options              Sortie

 NOM:               Numéro   Date d'entrée
 XXXXXXXXXXXXXXX     9999       99/99/99

CREATE SCREEN ‖<E:>‖SAIS_EMPL.SCR        ‖Pg 01 Row 19 Col 50‖Ins  ‖Num Min
```

L'écran de saisie SAIS_EMPL.

Le fichier SAIS_EMPL.FMT créé par dBase contient les lignes suivantes:

```
@ 11,  2 SAY "NOM:   NUMERO  DATE D'ENTREE
@ 12,  2 GET EMPLOYES->NOM
@ 12, 21 GET EMPLOYES->NUMERO
@ 12, 31 GET EMPLOYES->ENTREE
@ 10,  1 TO 13, 18
@ 10, 19 TO 13, 26
@ 10, 27 TO 13, 41
@  9,  0 TO 19, 50 DOUBLE
```

Les filtres d'extraction et les vues

CREATE QUERY
MODIFY QUERY
SET FILTER TO FILE
CREATE VIEW
SET VIEW TO

❐ Les filtres d'extraction

Les filtres d'extraction mémorisent des conditions de sélection d'enregistrements dans une base de données.

Après l'activation d'un filtre, toutes les commandes dBase agiront uniquement sur les enregistrements filtrés, comme si les autres ne faisaient plus partie de la base de données ou de la vue.

Avec dBase III, chaque fois que l'on voulait poser un filtre, il était nécessaire de le recréer complètement avec la commande SET FILTER TO suivie des conditions du filtre.

dBase III Plus permet la création de fichiers 'filtre', au moyen de menus. Ils portent l'extension QRY (Query).

➢ Pour créer un fichier d'extraction:

CREATE QUERY <nom de fichier>

Chaque ligne du cadre principal correspond à une condition qui sera éventuellement liée à la suivante par un opérateur logique.

Exemple:

```
. CREATE QUERY SERV2
```

```
Créer le filtre        Emboîtement        Affichage        Sortie

Nom du champ               ENTREE
Opérateur                  Supérieur ou égal à
Constante/Expres.          CTOD("01/01/87")
Connexion

Numéro de ligne            2
```

Ligne	Champ	Operateur	Constante/Expression	Connexion
1	SERVNO	Egal à	2	.AND.
2	ENTREE	Supérieur ou égal à	CTOD("01/01/87")	
3				
4				
5				
6				
7				

```
CREATE QUERY     ‖<E:>‖SERV2.QRY          ‖Opt: 4/5          ‖Ins     ‖Num Min
```

La création du fichier d'extraction SERV2..

Cet écran est l'équivalent de la commande:

```
SET FILTER TO SERVNO=2 .AND. ENTREE >=
CTOD("01/01/87")
```

➢ Pour modifier un fichier d'extraction existant:

MODIFY QUERY

➢ Pour activer un fichier d'extraction:

SET FILTER TO FILE <nom du fichier-extraction>

❒ Les vues

Les vues mémorisent

- une chaîne de relations entre bases de données (créées avec la commande SET RELATION TO);
- la liste des champs disponibles dans les différentes bases de données (créée avec la commande SET FIELDS TO);
- un filtre d'extraction sur les enregistrements (cré avec la commande SET FILTER TO);

- un format d'écran de consultation et de mise à jour (activé par la commande SET FORMAT TO).

Les fichiers 'vue' portent l'extension VUE. Ils seront créés en tenant compte de l'environnement déjà défini ou avec l'aide de dBase par un système de menus.

➢ Pour créer une nouvelle vue, à partir de l'environnement défini au moyen des commandes SET RELATION, SET FIELDS, SET RELATION, SET FORMAT:

  CREATE VIEW <nom de fichier> FROM ENVIRONMENT

➢ Pour créer une nouvelle vue en définissant les conditions de l'environnement:

  CREATE VIEW <nom de fichier>

➢ Pour modifier une vue existante:

  MODIFY VIEW <nom de fichier>

➢ Pour activer une vue existante:

  SET VIEW TO <nom du fichier-vue>

➢ Pour désactiver la vue en cours, utilisez la commande SET VIEW TO seule.

Exemple:

```
. CREATE VIEW EMPL_SERV2
```

```
Configurer     Relation     Choix des champs     Options     Sortie

┌──────────┐               ┌─────────────┐
│ NUMERO   │               │ EMPLOYES.DBF│
│ NOM      │               └─────────────┘
│ ENTREE   │
│ FONCTION │
│ SALAIRE  │
│ COMMISS  │
│ PRIME    │
│ SERVNO   │
└──────────┘

                    ┌─────────────────────────────────────────────────┐
                    │ Nom champ            Type         Dim   Décimal │
                    ├─────────────────────────────────────────────────┤
                    │ EMPLOYES->NUMERO     Numerique     4       0    │
                    └─────────────────────────────────────────────────┘

CREATE VIEW    ║<E:>║EMPL_SERV2        ║Opt: 1/8        ║Ins   ║Num Min
```

La création de la vue EMPL_SERV2.

Le menu 'Relation' équivaut à la commande SET RELATION TO.

Le menu 'Choix des champs' remplace la commande SET FIELDS TO.

Le menu 'Options' détermine le filtre et le nom de l'écran de saisie.

Les catalogues

SET CATALOG
SET CATALOG TO
SET TITLE

Ils permettent de regrouper un ensemble de fichiers, se rapportant tous, par exemple, à une même application: fichiers de bases de données, fichiers d'index, formats d'écran, fichiers de filtre (Query), fichiers de vues, formats d'étiquettes et de rapports.

Le catalogue est en fait une base de données (toujours installée dans la zone de travail n°10) portant l'extension CAT et dans laquelle chaque enregistrement correspond aux caractéristiques d'un fichier.

Un catalogue présente toujours la structure suivante:

CHAMP	NOM CHAMP	TYPE	DIM
1	PATH	CARACTERE	70
2	FILE_NAME	CARACTERE	12
3	ALIAS	CARACTERE	8
4	TYPE	CARACTERE	3
5	TITLE	CARACTERE	80
6	CODE	NUMERIQUE	3
7	TAG	CARACTERE	4

path: chemin d'accès au fichier.

file_name: nom et extension du fichier.

alias: alias dans le cas d'un fichier de base de données.

type: type de fichier (DBF, FMT, ...).

title: commentaire associé au fichier .

code: numéro d'ordre d'ouverture de la base de données.

tag: champ inutilisé (!).

Par exemple, les caractéristiques du fichier de base de données EMPLOYES seront enregistrées comme suit:

```
PATH          C:\PERSONNEL\EMPLOYES.DBF
FILE_NAME     EMPLOYES.DBF
ALIAS         EMPLOYES
TYPE          DBF
CODE          1
TAG
```

Deux commandes gèrent les catalogues:

1) la création d'un nouveau catalogue et l'ouverture d'un catalogue existant sont exécutées par la commande:

   SET CATALOG TO <nom de fichier>.

2) L'activation d'un catalogue existant et la mise hors service du catalogue actif sont réalisées par:

   SET CATALOG on/OFF.

Quand un catalogue est ouvert, chaque fichier qui en fait partie peut être accompagné d'un commentaire. Ce commentaire vous est demandé à chaque création de fichier. Ceci peut être désactivé:

SET TITLE ON/off

A partir du moment où un catalogue est ouvert, vous pouvez demander à voir la liste des fichiers disponibles en utilisant la commande d'ouverture suivie d'un point d'interrogation.

Par exemple USE ? produira l'affichage de la liste des bases de données présentes dans le catalogue, accompagnées des commentaires éventuels. Il suffira alors de sélectionner le nom du fichier souhaité.

Ceci est valable pour les commandes MODIFY ..., SET FILTER TO ..., SET FORMAT TO ..., SET INDEX TO ..., SET VIEW TO ..., SET INDEX TO ..., ERASE, etc.

Le traitement des données

LEFT()
RIGHT()
STUFF()
RTRIM()
LTRIM()
TRANSFORM()
ISUPPER()
ISLOWER()
ISALPHA()
REPLICATE()
SET CENTURY ON/OFF
ABS()
MAX()
MIN()
MOD()

❒ Les chaînes de caractères

dBase III Plus s'est enrichi d'une dizaine de fonctions de traitement des chaînes de caractères.

➢ Pour extraire un groupe de caractères à partir du début d'une chaîne de caractères:

LEFT(<chaîne>,<nombre de caractères>)

➢ Pour extraire un groupe de caractères comptés à partir du dernier caractère d'une chaîne:

RIGHT(<chaîne>,<nombre de caractères>)

Exemple:

```
. PROG="DBASE IV"
. ? LEFT(PROG,5)
DBASE
. ? RIGHT(PROG,2)
IV
```

➢ Pour modifier le contenu d'une chaîne de caractères:

STUFF(<chaîne1>,<rang>,<chaîne2>,<nombre de caractères>

Le contenu de la chaîne *chaîne1* est modifié en insérant la chaîne de caractères *chaîne2* à partir du caractère du *rang* mentionné dans la chaîne *chaîne1*. Le nombre de caractères à éliminer (toujours à partir du point de départ *rang*) est fourni par *nombre de caractères.*

Exemples:

```
. ADRESSE="RUE DU POT D'OR, 45"
. ADRESSE1=STUFF(ADRESSE,14,0,"ARGENT")
. ? ADRESSE1
RUE DU POT D'ORARGENT, 45

. ADRESSE2=STUFF(ADRESSE,14,2,"ARGENT")
. ? ADRESSE2
RUE DU POT D'ARGENT, 45
```

➢ Pour éliminer les espaces blancs à l'extrémité gauche d'une chaîne de caractères:

LTRIM(<chaîne>)

➢ Pour éliminer les espaces blancs à l'extrémité droite d'une chaîne de caractères:

RTRIM(<chaîne>)

Cette fonction fait double emploi avec la fonction TRIM().

➢ Pour appliquer un masque de présentation d'une chaîne de caractères, en utilisant les mêmes symboles que la fonction PICTURE dans la commande @... SAY.

TRANSFORM(<chaîne de caractères>,<masque>)

Exemples:

```
. NOM= "DELARIVIERE"
. ? TRANSFORM(NOM,"!!!!")
DELA
. ? TRANSFORM(NOM,"@!")
DELARIVIERE
```

➢ Pour savoir si le premier caractère d'une chaîne est une majuscule (la fonction renvoie la valeur logique .T. si c'est le cas):

ISUPPER(<chaîne>)

➢ Pour savoir si le premier caractère d'une chaîne est une minuscule (la fonction renvoie la valeur logique .T. si c'est le cas):

ISLOWER(<chaîne>)

➢ Pour savoir si le premier caractère d'une chaîne est une lettre (la fonction renvoie la valeur logique .T. si c'est le cas):

ISALPHA(<chaîne>)

➢ Pour obtenir une chaîne de caractères composée de la répétition d'un même caractère:

REPLICATE(<chaîne de caractères>,<nombre>)

Exemple:

```
. ? REPLICATE("=",20)
====================
```

❐ Les dates

Une fonction, un peu accessoire, vient compléter la gestion des dates.

➢ Pour afficher l'année en entier (quatre caractères au lieu de deux):

SET CENTURY ON/OFF

Exemple:

```
. ? DATE()
12/03/91

. SET CENTURY ON
. ? DATE()
12/03/1991
```

❐ Les nombres

dBase III Plus apporte quatre nouvelles fonctions:

1) Pour obtenir la valeur absolue d'un nombre:

   ABS(valeur)

2) Pour connaître, parmi deux valeurs, la plus basse:

   MIN(valeur1,valeur2)

3) Pour connaître, parmi deux valeurs, la plus élevée:

   MAX(valeur1,valeur2)

Exemples:

```
VAL1=560
VAL2=12000
? MIN(VAL1,VAL2)
560
? MAX(VAL1,VAL2)
12000
```

4) Pour calculer le reste d'une division entière:

MOD(<valeur1>,<valeur2>)

Exemple:

```
. ? MOD(35,6)
5
```

Ces fonctions faciliteront la gestion des nombres à l'intérieur des programmes.

Exemples:

a) Avec dBase III:

```
INPUT TO N1
INPUT TO N2
? "LE NOMBRE LE PLUS ELEVE EST "
IF N1>N2
  ? N1
ELSE
  ? N2
ENDIF
```

b) Avec dBase III Plus:

```
INPUT TO N1
INPUT TO N2
? "LE NOMBRE LE PLUS ELEVE EST "
? MAX(N1,N2)
```

La programmation

@ <ligne>,<colonne> CLEAR TO <ligne>,<colonne>
@ <ligne>,<col.> TO <ligne>,<col.> [DOUBLE]

FOUND()	**RESUME**
ON ESCAPE	**SUSPEND**
ON KEY	**ON ERROR**
INKEY ()	**RETRY**
READKEY()	**MESSAGE()**
CLEAR TYPEAHEAD	**ERROR()**
SET TYPEAHEAD TO	

❒ Les nouvelles options de l'instruction @

Il est possible maintenant de tracer un cadre à l'écran en indiquant les positions des coins supérieur gauche et inférieur droit et en spécifiant éventuellement si la ligne d'encadrement doit être double:

@<ligne,colonne> TO <ligne,colonne> [DOUBLE]

Selon le même principe, on effacera une zone de l'écran:

@<ligne,colonne> CLEAR TO <ligne,colonne>

❒ Les recherches

➢ Pour savoir si une recherche (avec FIND, LOCATE, CONTINUE ou SEEK) a abouti ou non:

FOUND()

En cas de succès la fonction renvoie la valeur logique VRAI; sinon, elle fournit la valeur FAUX.

❒ Le contrôle des interruptions

Certaines touches, ou toutes les touches, peuvent être surveillées en permanence à l'intérieur d'un programme et leur appui par l'utilisateur produira une action (ou le branchement à une procédure) prévue par le programmeur.

L'instruction ON permet de contrôler (par ordre de priorité) l'appui sur la touche ‘Echap’ ou sur une touche quelconque (autre que ‘Echap’):

```
ON ESCAPE <commande>
ON KEY <commande>
```

La commande sera une simple ligne de message ou même l'exécution d'une procédure.

Ces instructions resteront actives jusqu'à ce qu'elles soient utilisées seules, sans indication de commande.

Par exemple: ON ESCAPE utilisée seule désactivera le contrôle de l'appui sur la touche ‘Echap’.

Attention: la commande ON ESCAPE, pour fonctionner, demande également que SET ESCAPE soit active (ON).

Exemples:

```
SET ESCAPE ON
ON ESCAPE ? "IMPOSSIBLE DE QUITTER LE
PROGRAMME"
```

Le message sera affiché dès l'appui sur la touche ‘Echap’.

```
ON KEY DO FIN_IMPR
```

L'appui sur une touche déroutera le programme vers la procédure FIN_IMPR, utilisée ici pour arrêter l'impression.

➢ Pour récupérer le code ASCII de la dernière touche frappée au clavier:

    INKEY()

  Les touches de fonctions portent un code négatif.

Exemple:

Pour voir à l'écran les codes des touches, essayez ce petit programme:

```
SET TALK OFF
DO WHILE .T.
  X=INKEY()
  IF X<>0
    @ 10,38 SAY X
  ENDIF
ENDDO
SET TALK ON
```

L'interruption d'une saisie (par l'écran BROWSE, l'écran EDIT, ou la commande GET) sera contrôlée par une fonction spécifique:

    READKEY()

Cette fonction renvoie une valeur correspondant au code de la dernière touche de déplacement de curseur utilisée, c'est-à-dire un nombre compris entre 0 et 36.

Si des modifications ont été apportées en cours d'édition, la valeur de la touche sera augmentée de 256.

Attention, la valeur des touches est différente de celle qui est renvoyée par INKEY().

Cette fonction permet de contrôler, par exemple, si l'utilisateur a quitté une saisie de données par l'appui sur la touche 'Echap'.

Exemple:

```
NOM = SPACE(30)
@ 4,7 SAY "ENTREZ LE NOM: " GET NOM
READ
IF READKEY()=12
  DELETE
  PACK
  RETURN
ENDIF
```

❐ La mémoire tampon pour le clavier

Une mémoire tampon mémorise la frappe au clavier, ce qui permet d'appuyer à l'avance sur certaines touches qui seront utilisées plus tard.

Mais il est parfois nécessaire de vider cette mémoire afin d'éviter que certains caractères "parasites" ne perturbent l'exécution d'une commande (par exemple ON KEY) ou également l'utilisation des fonctions INKEY() et READKEY():

CLEAR TYPEAHEAD

➢ Pour modifier la taille de cette mémoire tampon (qui est fixée par défaut à 20 caractères):

SET TYPEAHEAD TO <nombre de caractères>

❒ La suspension de l'exécution d'un programme

La commande **SUSPEND** introduite dans un programme suspend son déroulement pour vous permettre, par exemple, de consulter le contenu des variables.

Le programme reprendra à la ligne suivant celle où il a été interrompu lorsque vous entrerez la commande **RESUME**.

❒ Les commentaires

&& vous permet d'introduire un commentaire sur la même ligne qu'une commande.

Exemple:

```
BOUCLE= .T. && BOUCLE PRINCIPALE
```

❒ Un test

Une fonction permet d'exécuter un test rapide et simple et donc de remplacer la commande IF ... ENDIF:

```
IIF(<condition>,<expression1>,<expression2>)
```

Si la condition est vraie, on obtient le résultat de l'expression 1, sinon on obtient celui de l'expression 2.

Exemple:

```
IF MOD(NOMBRE,2)=0
   ? "NOMBRE PAIR"
ELSE
   ? "NOMBRE IMPAIR"
ENDIF
```

Ces lignes de programmes peuvent être remplacées par une fonction IIF().

```
IIF(MOD(NOMBRE,2)=0,"NOMBRE PAIR","NOMBRE;
IMPAIR")
```

❐ Le contrôle des erreurs

Selon le même principe que le contrôle de l'appui sur une touche, l'apparition d'une erreur pourra donner lieu à l'exécution d'une commande précise:

ON ERROR <commande>

Exemple:

```
ON ERROR DO ERREUR
```

La procédure ERREUR sera exécutée dès qu'une erreur se produit dans le déroulement du programme.

➢ Pour connaître le numéro de la dernière erreur, survenue dans le cours d'un programme par exemple:

ERROR()

➢ Et pour lire en clair le message expliquant cette erreur:

MESSAGE()

Après correction de la donnée qui a provoqué l'erreur, on peut demander d'exécuter à nouveau la même commande:

RETRY

L'importation et l'exportation de fichiers

IMPORT FROM	**EXPORT TO**
APPEND FROM	**COPY TO**

Deux commandes permettent d'introduire dans dBase le contenu de fichiers issus d'autres logiciels.

La commande APPEND FROM ajoute à la base de données active des enregistrements issus de fichiers étrangers à dBase, sous quatre formats:

Visicalc: DIF	Lotus 1-2-3: WKS
Multiplan: SYLK	Visio: DCA

La commande IMPORT FROM crée une nouvelle base de données à partir d'un fichier sauvegardé sous l'un des cinq formats suivants:

Fichier PFS: PFS	Rapid File: RPD
dBase II: DBASEII	Lotus: WK1
Framework 2: FW2	

La syntaxe de ces deux commandes devient donc:

APPEND FROM <NOM DE FICHIER>
[[TYPE] <FORMAT DE FICHIER>]

[FOR <EXPRESSION>]
IMPORT FROM <NOM DE FICHIER>
[[TYPE] <FORMAT DE FICHIER>]

L'exportation sera prise en charge par deux commandes également, selon le logiciel qui doit recevoir les données.

La commande de copie de la base de données active dans un format étranger (COPY TO) reconnaît les mêmes formats que la commande APPEND FROM (sauf le format DCA).

La commande d'exportation (EXPORT FROM) reconnaît, quant à elle, les mêmes formats que IMPORT (à l'exception du format Lotus).

La syntaxe de ces deux commandes devient donc:

```
COPY TO <NOM DE FICHIER>
[FIELDS <LISTE DE CHAMPS>]
[FOR <EXPRESSION]
[WHILE <EXPRESSION>]
[[TYPE] <FORMAT DE FICHIER>]
```

```
EXPORT TO <NOM DE FICHIER>
[[TYPE] <FORMAT DE FICHIER>]
[FIELDS <LISTE DE CHAMPS>] [<ETENDUE>]
[FOR <CONDITION>] [WHILE <CONDITION>]
```

Le fonctionnement multi-utilisateurs

RLOCK()
LOCK()
FLOCK()
UNLOCK
SET EXCLUSIVE on/OFF
SET ENCRYPTION ON/off
USE EXCLUSIVE
LOGOUT
PROTECT
DISPLAY USERS

dBase III+ est conçu pour fonctionner dans un environnement multi-utilisateurs, en réseau. Les fonctions et commandes nécessaires ont donc été ajoutées pour contrôler le partage des données et la sécurité des fichiers. Le verrouillage des données est pris en charge par trois fonctions et deux commandes.

La fonction **RLOCK(<liste de numéros d'enregistrements>)** ou **LOCK()** verrouille des enregistrements en écriture: ils pourront être consultés mais non modifiés par d'autres utilisateurs.

La fonction **FLOCK()** verrouille une base de données complète, y compris les autres bases de données en relation avec elle.

La commande **UNLOCK** déverrouille les bases de données et les enregistrements.

Une base de données peut aussi être complètement verrouillée, tant au niveau de la consultation que de la modification, pour réaliser certaines opérations telles que le tri, la réindexation, la suppression d'enregistrements.

La commande **SET EXCLUSIVE ON/OFF** verrouille l'ensemble des fichiers qui seront ouverts.

Tandis que pour verrouiller uniquement un seul fichier au moment de son ouverture:

USE <NOM DE FICHIER> EXCLUSIVE

Un système élaboré de cryptage et de protection par mots de passe et par niveaux d'accès est pris en charge par un utilitaire: **PROTECT**.

Le responsable de la maintenance et de la sécurité des bases de données pourra principalement:

- introduire un nouvel utilisateur;
- définir l'ensemble des privilèges d'accès aux fichiers.

PROTECT crée les fichiers DBSYSTEM.DB et DBSYSTEM.SQL qui regroupent les informations sur les utilisateurs.

➢ Pour connaître le nom des utilisateurs en cours de travail dans le réseau:

DISPLAY / LIST USERS

Un utilisateur quittera une session de travail au moyen de la commande **LOGOUT**.

Les fichiers cryptés pourront cependant être copiés en clair (à condition de connaître le mot de passe), grâce à la commande **SET ENCRYPTION OFF**.

Les modules en langage binaire

CALL **RELEASE MODULE**
LOAD

Si la programmation en assembleur ou en C vous tente, vous pouvez les intégrer aux programmes dBase.

L'appel d'une procédure en langage binaire nécessite son chargement préalable en mémoire avec la commande:

LOAD <nom du module>

Il suffira ensuite de l'exécuter avec la commande:

CALL <nom du module>

Et vous libérerez la mémoire avec la commande:

RELEASE MODULE<liste des modules>

2

De dBase III+ à dBase IV

Conventions

dBIII+	nouveauté apportée par dBaseIII+.
dBIV 1.0	nouveauté apportée par dBase IV version 1.0
dBIV 1.1	nouveauté de la version 1.1 de dBase IV.

Le fichier de configuration **CONFIG.DB**

Comme avec dBase III Plus, le fichier de configuration peut être modifié directement au moyen de l'éditeur de texte de dBase ou de n'importe quel autre éditeur ou traitement de texte.

Il contiendra les options qui doivent être activées au lancement de dBase. Certaines de ces options sont des commandes classiques de dBase, d'autres sont propres à CONFIG.DB.

La plupart des commandes SET pourront être introduites sous la forme:

```
<NOM DE L'OPTION> = <VALEUR>
```

Seules les huit commandes suivantes sont interdites:

SET DOHISTORY	SET FIELDS
SET FILTER	SET FIXED
SET ORDER	SET PRINT TO FILE
SET PROCEDURE	SET RELATION

Exemples:

```
CATALOG = ON
DATE=FRENCH
FUNCTION SHIFT-F3 = "USE EMPLOYES;"
```

Il est également possible de demander, à la fin de CONFIG.DB l'exécution d'une commande ou d'un programme.

Exemples:

```
COMMAND = USE EMPLOYES
COMMAND = ASSIST
COMMAND = DO MENUPRIN
```

Cependant, certaines options sont propres à CONFIG.DB et n'ont donc pas de commande équivalente en mode direct.

Elles concernent principalement l'occupation de la mémoire vive.

❐ Les fichiers

FILES = <nombre de fichiers> **dBIII+**

Indique le nombre maximum de fichiers (de 15 à 99) qui pourront être ouverts simultanément.

Cette valeur ne peut pas dépasser le nombre de fichiers déterminé par la commande FILES du fichier CONFIG.SYS.

❐ Les bases de données

INDEXBYTES = <nombre de blocs> **dBIV 1.0**

Chaque enregistrement est présent dans le fichier d'index sous la forme d'un 'noeud' qui contient la valeur de l'expression clé d'index.

Quand un index est actif, les 'noeuds' sont chargés en mémoire vive par blocs dont la taille est fixée par la commande SET BLOCKSIZE.

INDEXBYTES détermine le nombre maximum de ces blocs qui pourront être présents simultanément en mémoire (de 2 à 128).

Par défaut, 2 blocs sont réservés.

❐ L'ordre de tri

ASCIISORT = ON/off **dBIV 1.1**

Détermine l'ordre de tri:

- le tri purement ASCII: les majuscules précèdent les minuscules (ON)
- le tri 'dictionnaire': les majuscules et les minuscules sont confondues (OFF).

❐ L'affichage

FASTCRT = ON/off **dBIV 1.0**

Permet l'élimination de l'effet de "neige" produit par certains écrans (OFF).

NOCLOCK = on/OFF **dBIV 1.1**

Elimine l'affichage de l'horloge à l'écran (ON).

PROMPT = . / "<caractères>" **dBIII+**

Détermine le message d'attente de dBase en mode direct.

Par défaut, dBase vous propose le point.

RESETCRT=ON/off **dBIV 1.0**

Réinstalle le mode d'affichage de dBase après exécution d'un programme extérieur (ON).

❐ L'impression

PDRIVER = <nom du pilote d'imprimante> **dBIV 1.0**

Indique le nom du pilote d'imprimante utilisé par défaut.

Par défaut, le pilote d'imprimante est GENERIC.PR2.

PRINTER <numéro d'imprimante> **dBIV 1.0**
= <pilote d'imprimante>
[NAME <description du pilote>
DEVICE <sortie>]

Déclare de 1 à 4 imprimantes en indiquant un numéro d'ordre, le nom du fichier du pilote d'imprimante, une description du pilote et la sortie prévue. La sortie pourra être LPT1, LPT2, COM1, COM2, \\SPOOLER, \\CAPTURE.

PRINTER <numéro d'imprimante> **dBIV 1.0**
font<numéro de police> =<code>
[name <description de la police>]

Déclare pour chacune des quatre imprimantes jusqu'à 5 polices de caractères en spécifiant leur code.

❐ Les éditeurs de texte

TABS = <POSITION> [,<POSITION> ...] **dBIV 1.0**

Définit la position par défaut des tabulateurs.

TEDIT = <nom de l'éditeur> **dBIII+**

Définit le chemin d'accès et le nom de l'éditeur de texte à utiliser à la place de celui que fournit dBase pour l'édition des programmes (MODIFY COMMAND).

WP = <nom de l'éditeur> **dBIII+**

Détermine le chemin d'accès et le nom de l'éditeur de texte à utiliser pour l'édition des champs mémo.

❐ La programmation

BUCKET = <nombre de Ko> **dBIII+**

Réserve un emplacement en mémoire (de 1 à 31 Ko) pour les compléments PICTURE et RANGE des commandes @... GET.

Par défaut, dBase réserve 2 Ko.

DO = <nombre de niveaux> **dBIV 1.0**

Donne le nombre maximum de commandes DO qui pourront être imbriquées dans un programme (de 1 à 256).

Par défaut, 20 niveaux d'appels sont prévus.

GETS = <nombre de GETS> **dBIV 1.0**

Définit le nombre maximum de GETs (de 35 à 1023) qui pourront être actifs simultanément pour une même commande READ.

Par défaut, ce nombre est fixé à 128.

MVMAXBLKS = <nombre de blocs> **dBIV 1.0**

Définit le nombre maximum de blocs réservés en mémoire (de 1 à 150) pour la conservation des variables.

Par défaut, 10 blocs sont réservés.

MVBLKSIZE = <nombre de variables> **dBIV 1.0**

Détermine le nombre maximum de variables (de 25 à 100) que pourra contenir chaque bloc réservé en mémoire aux variables.

RTMAXBLKS = <nombre de blocs> **dBIV 1.0**

Définit le nombre maximum de blocs de mémoire réservés pour les symboles définis par l'utilisateur (noms de variables, ...) et en cours d'utilisation (de 1 à 150).

Par défaut, cette valeur est fixée à 10.

RTBLKSIZE = <nombre de symboles> **dBIV 1.0**

Détermine le nombre de symboles définis par l'utilisateur (noms de variables, ...) que peut contenir un bloc de mémoire (de 25 à 100).

Par défaut, un bloc a une taille de 50.

❒ La compilation

CTMAXSYMS = <nombre de symboles> **dBIV 1.0**

Indique le nombre de symboles de compilation (noms de variables, de champs et de procédures...) pour chaque programme ou procédure (de 1 à 5000).

Par défaut, ce nombre est fixé à 500.

EXPSIZE = <nombre d'octets> **dBIV 1.0**

Définit la taille de la mémoire tampon (de 100 à 2000 octets) utilisée pour la conservation et l'analyse des expressions en cours de compilation.

Par défaut, dBase réserve 100 octets.

❒ SQL

SQLDATABASE = <nom de base de données> **dBIV 1.0**

Détermine le nom de la base de données SQL qui sera ouverte au lancement de dBase si SQL est ON.

SQLHOME = <nom de répertoire> **dBIV 1.0**

Indique le nom du répertoire contenant les fichiers SQL.

❒ Les réseaux

REFRESH = <nombre de secondes> **dBIV 1.0**

Dans un réseau, définit en nombre de secondes l'intervalle de temps entre deux rafraîchissements d'écran.

Par défaut, l'intervalle est de 0 seconde.

REPROCESS = <nombre d'essais> **dBIV 1.0**

Dans un réseau, définit le nombre d'essais de réexécution d'une commande.

L'aide

HELP

L'aide est toujours accessible en mode interactif au moyen de la commande HELP qui sera éventuellement suivie du nom de la commande pour laquelle on souhaite des informations.

Dans le centre de contrôle comme au cours de l'utilisation des commandes ‘plein écran’, l'appui sur la touche F1 fournira des explications concernant l'opération en cours ou le menu ouvert.

L'écran d'aide qui apparaît à l'écran propose différentes actions:

- l'impression du texte de l'aide affiché;
- le retour à l'écran consulté précédemment;
- le branchement sur un thème voisin;
- la demande d'aide dans un domaine quelconque.

```
                     Aide: DISPLAY

DISPLAY [[FIELDS] [<liste d'expressions>] [OFF]
  [<étendue>] [FOR <condition>] [WHILE <condition>]
  [TO PRINTER/TO FILE <fichier>]

DISPLAY, sans aucune option, montre seulement
l'enregistrement courant. DISPLAY, avec les clauses
WHILE, FOR ou une étendue spécifiée, s'arrête à
chaque écran d'informations complet.
Les fichiers mémo ne sont pas affichés sauf s'ils
sont expressément cités dans la liste des champs.
OFF  supprime les numéros d'enregistrement
TO PRINTER  imprime les informations
TO FILE  envoie les informations dans un fichier

MATIERES     THEMES      PRECEDENT        IMPRIMER
```

L'écran d'aide..

Le mode ASSIST (le centre de contrôle) et le système des menus

ASSIST

SET DESIGN ON/OFF

```
Catalogue   Outils   Quitter
                       CENTRE DE CONTROLE dBASE IV
                     CATALOGUE :   C:\DBASE\STANDARD.CAT

 Données      Extractions  Formulaires  Rapports    Etiquettes  Applications
  <créer>       <créer>      <créer>     <créer>     <créer>      <créer>

Fichier:      Nouveau fichier
Description:  Sélectionnez l'option <créer> pour concevoir un nouveau fichier

Aide:F1  Choix:←┘  Données:F2 Conception:Shift-F2 Rapport:Shift-F9  Menu:F10
```

Le centre de contrôle.

Le centre de contrôle remplace avantageusement le mode 'assist' des versions précédentes.

Si l'accès est identique (l'appui sur la touche F2 ou la commande ASSIST), toute comparaison s'arrête là.

Le centre de contrôle vous permet de gérer complètement vos bases de données, sans écrire une seule ligne d'instructions et sans aucune connaissance de la syntaxe ni des commandes.

Tout fonctionne par l'intermédiaire de menus déroulants et de combinaisons de touches.

L'avantage le plus important du centre de contrôle, par rapport au mode 'assist' des versions antérieures, est la possibilité de visualiser d'un seul coup d'oeil l'ensemble des fichiers qui constituent une application. En fait, vous avez sous les yeux le contenu d'un catalogue.

Les six colonnes centrales du centre de contrôle (voyez la figure) affichent le nom des fichiers, par type:

- les bases de données;
- les vues construites à partir de ces bases de données;
- les écrans de saisie et de consultation;
- les formats de rapport;
- les formats d'étiquette;
- les programmes et les applications.

Les menus permettent de:

- gérer le catalogue (introduire, supprimer des fichiers, ...);
- créer, exécuter et éditer des macro-commandes;
- importer et exporter des fichiers dans des formats étrangers à dBase;
- accéder à un ensemble d'utilitaires de gestion des fichiers MS-DOS;
- configurer l'environnement (une vingtaine de commandes SET);
- gérer le système de protection par mots de passe.

Si la plupart des opérations réalisées par le centre de contrôle peuvent également l'être par le mode direct, il en est deux qui ne sont accessibles qu'ici: la gestion complète des macro-commandes et les utilitaires MS-DOS.

Pour plus de détails sur le centre de contrôle, voyez chez le même éditeur “dBase IV facile en mode ASSIST” (Marabout Service 952).

Une commande limite l'utilisation du centre de contrôle, ce qui permet de le laisser sans danger aux mains d'utilisateurs inexpérimentés.

SET DESIGN OFF empêche l'accès aux écrans de conception: il sera impossible de créer ou de modifier la structure d'une base de données, un fichier d'extraction, un rapport, un format d'étiquette, un écran de saisie, un programme créé par le gestionnaire de programme.

En mode interactif, cette commande a le même effet et empêche l'utilisation des commandes de création et de modification (CREATE et MODIFY).

L'environnement

SET()	**SET CLOCK TO**
SET DISPLAY TO	**SET HOURS TO**
SET COLOR OF	**SET CURSOR ON/off**
SET BELL TO	**SET DIRECTORY TO**
SET CLOCK on/OFF	**MEMORY()**

❐ Les paramètres d'environnement

Pour faciliter la configuration de l'environnement dans un programme, une nouvelle fonction renvoie l'état des commandes SET:

SET(<commande>)

La fonction accepte les paramètres suivants (notez que la version 1.1 reconnaît quelques paramètres de plus que la version 1.0):

ALTERNATE	ATTRIBUTES (1.1)	AUTOSAVE
BELL	BLOCKSIZE	CARRY
CATALOG	CENTURY	CLOCK
COLOR	CONFIRM	CONSOLE
CURSOR (1.1)	DBTRAP (1.1)	DEBUG
DECIMALS	DEFAULT (1.1)	DELETED
DELIMITERS	DESIGN	DEVELOPMENT
DIRECTORY (1.1)	DISPLAY	ECHO
ENCRYPTION	ESCAPE	EXACT
EXCLUSIVE	FIELDS	FILTER (1.1)
FORMAT	FULLPATH	HEADING
HELP	HISTORY	HOURS
INSTRUCT	INTENSITY	LOCK
MARGIN	MEMOWIDTH	NEAR

ODOMETER	PATH (1.1)	PAUSE
PRECISION	PRINTER	PROCEDURE (1.1)
REFRESH	RELATION	REPROCESS
SAFETY	SCOREBOARD	SPACE
SQL	STATUS	STEP
TALK	TITLE	TRAP
TYPEAHEAD	UNIQUE	VIEW (1.1)

❐ L'affichage

SET DISPLAY TO mono/color/ega25/ega43/mono43

Cette commande permet de choisir entre un moniteur monochrome et un moniteur couleur; elle permet encore de déterminer le nombre de lignes: 25 ou 43. Si l'utilisateur choisit une option non conforme au matériel dont il dispose, le mode d'affichage n'est pas affecté et un message d'erreur s'affiche.

❐ Le choix de la couleur

En matière de choix de couleurs, dBase III Plus n'offrait qu'une seule possibilité:

SET COLOR TO <standard>, <rehaussé>, <cadre>

<standard> concerne tous les affichages normaux (les commandes LIST, DISPLAY, ?, @...SAY, etc.).

<rehaussé> affecte l'affichage des zones de saisie (les commandes APPEND, BROWSE, EDIT, INSERT, @...GET), de la ligne de statut ainsi que des options sélectionnées dans les menus des commandes de plein-écran.

<cadre> modifie l'affichage de la partie de l'écran non utilisée par dBase et située en dehors des 80 colonnes et 25/43 lignes.

Pour les options <standard> et <rehaussé>, il convient de toujours préciser un couple de couleurs : <couleur des caractères>/<couleur du fond>.

En ce qui concerne les caractères, deux effets spéciaux sont disponibles: la couleur intense en ajoutant le signe + (plus) à côté du code couleur et/ou le clignotement en y ajoutant le signe * (astérisque).

➢ Couleurs disponibles

Blanc	W (white)
Bleu	B
Brun	GR (green-red)
Cyan	BG (blue-green)
Gris	N+
Jaune	GR+
Magenta	RB (red-bright)
Noir	N ou rien
Rouge	R (red)
Vert	G (green)
Vide	X

dBase IV hérite bien sûr de la gestion de la couleur de son prédécesseur mais ajoute à ses capacités élémentaires celle de contrôler individuellement l'affichage de certains groupes d'éléments. Et la commande assumant ce contrôle est:

SET COLOR OF <GROUPE> TO <COULEURS>

➢ Groupes et signification

BOX	Les cadres de menus, de fenêtres, ...
FIELDS	Les zones de saisie en mode plein-écran.
HIGHLIGHT	Les éléments sélectionnés dans les menus, les écrans de réalisation d'objets, ...
INFORMATION	L'heure, le cadre et l'option sélectionnée des fenêtres d'erreur et d'aide.
MESSAGES	Les messages d'aide des menus, les options non sélectionnées des menus, ...
NORMAL	Mêmes éléments que <standard>.
TITLES	En-têtes de colonnes dans les commandes LIST, DIS-PLAY, BROWSE, ...

❒ Le son

dBase III Plus se manifestait déjà dans certaines circonstances par un bip sonore (en cas d'erreur par exemple). On pouvait aussi le réduire au silence par la commande SET BELL OFF.

Maintenant, sa "voix" est modulable en tonalité et en durée au moyen de la commande:

SET BELL TO <FREQUENCE>,<DUREE>

Le son sera très grave (basse fréquence) ou très aigu (haute fréquence): entre les valeurs de 19 à 10 000 Hertz.

Il durera de 2 à 19 secondes.

Exemple:

```
. SET BELL TO 50,10
. ? CHR(7)
```

dBase émettra un son très grave pendant 10 secondes.

❐ L'heure

Deux commandes contrôlent l'affichage de l'horloge à l'écran:

➢ Pour positionner l'affichage de l'heure:

SET CLOCK TO <numéro de ligne>,<numéro de colonne>

➢ Pour montrer ou cacher l'heure:

SET CLOCK ON/OFF

Par défaut, quand elle est visible, elle s'affiche dans le coin supérieur droit de l'écran.

Vous préférez l'affichage en 24 heures plutôt qu'en 12 heures ? Utilisez la commande:

```
SET HOURS TO 24.
```

❐ Le curseur

En programmation, la présence du curseur se révèle parfois inopportune.

SET CURSOR OFF le désactive.

❐ Le répertoire par défaut (version 1.1)

Si les fichiers avec lesquels vous avez travaillé sont présents dans le répertoire par défaut, il n'est pas nécessaire de donner leur chemin d'accès, au moment de leur ouverture, notamment.

En outre, un catalogue, pour être activé doit obligatoirement se situer dans le répertoire par défaut.

Avec dBase III Plus, seul le lecteur par défaut pouvait être modifié avec la commande SET DEFAULT.

Le répertoire par défaut était obligatoirement celui à partir duquel le logiciel était lancé.

La version 1.0 de dBase IV permet de modifier ce répertoire mais uniquement par les utilitaires du DOS accessibles à partir du centre de contrôle.

La version 1.1 propose une commande qui, en mode direct, détermine le répertoire par défaut:

SET DIRECTORY TO <unité> <répertoire>

❒ La mémoire

Une nouvelle fonction fournit la place encore libre en mémoire vive:

MEMORY()

Les bases de données

USE	**KEY()**
CREATE	**ORDER()**
MODIFY STRUCTURE	**MLINE()**
INDEX ON	**MEMLINES()**
SET INDEX TO	**LEFT()**
SET ORDER TO	**RIGHT()**
DELETE TAG	**APPEND MEMO**
MDX()	**COPY MEMO**
TAG()	
SET WINDOW OF MEMO TO	
@... GET ... OPEN WINDOW	

❒ L'ouverture

La commande d'ouverture d'une base de données (USE) s'est enrichie de plusieurs compléments, en rapport avec les zones de travail, l'index maître et la protection contre les mises à jour inopportunes.

➢ Pour ouvrir une base de données en lecture seulement, entrez la commande:

USE <nom du fichier> NOUPDATE

Exemple:

```
. USE EMPLOYES NOUPDATE
```

La base de données EMPLOYES pourra seulement être consultée. Aucune modification, aucune suppression d'enregistrement n'est possible.

Les autres nouveaux compléments de USE sont abordés plus loin dans ce chapitre.

❐ La structure

La création et la modification de la structure d'une base de données bénéficie d'un tout nouvel écran: l'écran ‘Structure’.

On y distingue:

- la ligne des menus au sommet;
- le nombre de caractères encore disponibles pour la taille d'un enregistrement;
- le tableau de création de la stucture;
- la ligne d'état et les deux lignes d'aide et de messages.

Présenter   Organiser   Ajouter   Déplacer   Quitter

Octets libres: 3927

Num	Champ	Type	Larg.	Déc	Index
1	NUMERO	Numérique	4	0	N
2	NOM	Caractère	15		O
3	ENTREE	Date	8		N
4	FONCTION	Caractère	15		N
5	SALAIRE	Numérique	9	2	N
6	COMMISS	Numérique	9	2	N
7	PRIME	Logique	1		N
8	SERVNO	Numérique	2	0	N
9	REM	Mémo	10		N

Struct. ‖E:\db3db4\EMPLOYES ‖Champ 1/9 ‖ ‖ Num

L'écran “Structure”.

Nous retrouvons, dans dBase IV, les mêmes types de données que dans dBase III Plus:

- caractère;
- numérique;
- date;
- logique;
- mémo.

Dans dBase III Plus, il n'existait qu'une seule codification des nombres: le type N avec codification binaire en virgule flottante.

En dBase IV, nous trouvons deux codifications différentes :

- le type N, avec codification BCD (Binary Coded Decimal).
- le type F, avec codification binaire en virgule flottante.

La distinction entre les deux types est interne à dBase IV, leur affichage étant identique.

La différence entre les deux types vient du fait qu'en type N, le séparateur décimal est représenté dans le nombre et qu'il n'y a donc aucun risque d'erreur lors d'un arrondi. Ce type convient particulièrement aux applications financières et de gestion. La taille des nombre de type N peut varier de 1 à 20 chiffres (séparateur décimal et signe inclus) suivant la valeur du paramètre SET PRECISION TO <EXPN>.

Le type F, par contre, permet de gérer des nombres très grands ou très petits, avec un risque d'approximation assez important. Il convient particulièrement au calcul scientifique ou aux nombres qui doivent subir de nombreuses multiplications ou divisions successives. Les nombres de type F ont une précision de 15.9 chiffres.

Dans les deux cas, les limites des valeurs stockées sont situées entre 0.1^{-307} et 0.9^{308}.

Outre le nouvel aspect de l'écran, vous remarquerez la présence d'une colonne inexistante en dBase III Plus: Index. Voyez son utilité ci-dessous.

❒ L'indexation

Rappel:

Un index est un fichier (NDX) distinct du fichier de données (DBF). Il contient, pour chaque enregistrement du fichier de données, la valeur de l'expression qui sert de clé d'indexation et le numéro de l'enregistrement correspondant.

Cet index est constamment maintenu trié dans l'ordre croissant de la clé. Tout index n'est mis à jour que s'il est ouvert, même s'il n'est pas actif.

➢ Pour créer un index:

INDEX
ON <expression-clé>
TO <fichier index NDX>

L'expression-clé peut compter jusqu'à 220 caractères de long mais son résultat ne peut excéder 100 caractères. Si l'utilisateur doit y assembler des données de différents types, il lui faudra les convertir en caractères de manière à pouvoir les concaténer.

Pour dBase III Plus, il n'existe aucun lien entre un fichier d'index et un fichier de données. L'utilisateur doit donc prendre la précaution de nommer les fichiers d'index de telle sorte qu'il puisse voir à quel fichier de données ces fichiers d'index se rapportent.

Chaque fois qu'il souhaite employer un ou plusieurs de ces index, l'utilisateur est contraint de les ouvrir. Lors de cette procédure, dBase vérifie que l'expression-clé est compatible avec les champs du fichier de données.

➢ Pour ouvrir un ou plusieurs index:

USE <fichier DBF> INDEX <liste d'index NDX>

ou

USE <fichier DBF>
SET INDEX TO <liste d'index NDX>

La liste d'index peut en compter un maximum de 7. Tous les index ouverts sont automatiquement tenus à jour lors de l'ajout ou de la modification d'un enregistrement.

Le premier index de la liste est l'index-maître. C'est lui qui définit l'ordre apparent des enregistrements lors des traitements séquentiels. C'est également par son expression-clé que s'établissent les recherches au moyen des commandes SEEK et FIND.

Il est heureusement possible de changer d'index-maître sans pour autant devoir déclarer à nouveau la liste des index à utiliser; la commande est la suivante:

SET ORDER TO <expression numérique>

L'expression numérique désigne le numéro d'ordre que porte l'index souhaité dans la liste des index déclarés. SET ORDER TO 0 maintient ouverts les index mais c'est le numéro d'enregistrement qui organise la base de données.

Exemple:

```
. USE employes INDEX empnom, empserv, empfn, empsn
Index principal : EMPNOM
. display status
Base en cours d'utilisation :
Zone :   1, Base de données : C:\DBASE\EMPLOYES.DBF
         Alias: EMPLOYES
Maître - Fichier index : C:\DBASE\EMPNOM.NDX
         Clé : nom
         Fichier index : C:\DBASE\EMPSERV.NDX
         Clé : servno
         Fichier index : C:\DBASE\EMPFN.NDX
         Clé : fonction+nom
         Fichier index : C:\DBASE\EMPSN.NDX
         Clé : str(servno,2)+nom
. set order to 3
Index principal : EMPFN
. display status
Base en cours d'utilisation :
Zone :   1, Base de données : C:\DBASE\EMPLOYES.DBF
         Alias: EMPLOYES
         Fichier index : C:\DBASE\EMPNOM.NDX
         Clé : nom
         Fichier index : C:\DBASE\EMPSERV.NDX
         Clé : servno
Maître - Fichier index : C:\DBASE\EMPFN.NDX
         Clé : fonction+nom
         Fichier index : C:\DBASE\EMPSN.NDX
         Clé : str(servno,2)+nom
```

Si, pour une raison ou pour une autre, l'utilisateur n'est pas certain que tous les index soient correctement tenus à jour, il lui faudra exécuter la commande REINDEX pour que soient recréés tous les index ouverts dans la zone courante.

Pour fermer tous les index, il peut soit redéclarer le fichier de données par la commande USE, soit exécuter la commande SET INDEX TO sans autre argument.

Il est à remarquer que la création d'un nouvel index rend cet index actif en fermant les index ouverts antérieurement.

A noter encore que toute modification de la structure d'un fichier par la commande MODIFY STRUCTURE ferme les index.

Exemples:

```
. USE employes
. DISPLAY STATUS
Base en cours d'utilisation :
Zone :   1, Base de données : C:\DBASE\EMPLOYES.DBF
         Alias: EMPLOYES
. INDEX ON nom TO empnom
  100% indexés      17 enregistrements indexés
. LIST nom
Enreg.n° nom
     16  ADAM
     10  ALLIMONT
      8  BLANDIN
     15  CARTIER
      1  DUPONT
     17  FORMONT
      7  JACQUES
     14  JALLES
      3  JONNET
      2  MARLIER
     12  MARTIN
      9  ORSIMONT
      4  SAVAGE
      6  SIMON
```

```
     13  TOURNIER
     11  WANDRIN
      5  WAUTIER
. DISPLAY STATUS

Base en cours d'utilisation :
Zone :   1, Database in Use: C:\DBASE\EMPLOYES.DBF
         Alias: EMPLOYES
Maître - Fichier index : C:\DBASE\EMPNOM.NDX
         Clé : nom
```

Chaque index est repris sur disque sous la forme d'un fichier avec extension NDX. Le nom attribué à ce fichier peut être quelconque mais pratiquement, il est préférable d'y inclure la mention du fichier de données qui lui est associé.

Exemples:

```
. INDEX ON servno TO empserv
. INDEX ON fonction+nom TO empfn
```

La création de chaque nouvel index annule la déclaration des autres.

Dans le cas de clés d'indexation complexes, si les données ne sont pas de même type, il est impératif de les convertir.

Exemple:

Le champ SERVNO étant numérique et le champ NOM étant de type caractère, il convient d'utiliser la fonction STR() qui transforme les nombres en chaînes de caractères.

```
   . INDEX ON STR(SERVNO,2)+NOM TO EMPSN
```

Nouveautés:

Tout ce que nous venons d'énoncer et qui était d'application en dBase III Plus reste évidemment valable en dBase IV.

Mais une nouvelle notion a fait son apparition, celle des index multiples. Il s'agit en fait de fichiers multi-index (portant l'extension MDX) qui peuvent contenir jusqu'à 47 index différents, identifiés par un repère (TAG). Ces fichiers sont aussi nommés fichiers de production.

➢ Pour créer un tel repère d'index:

INDEX ON <exp. clé> TAG <nom de repère>
[OF <fichier MDX>]
[DESCENDING] [UNIQUE]

La version 1.1 ajoute à cette commande un complément qui indique une condition d'indexation:

FOR <CONDITION>

Dans ce cas, l'index ne contiendra que les enregistrements répondant à la condition mentionnée.

Si le champ-clé qui a servi à créer l'index présente le même contenu dans plusieurs enregistrements, en précisant l'option UNIQUE, l'index ne conservera que le premier de ces enregistrements.

Sans les options UNIQUE et FOR <condition>, l'index contiendra tous les enregistrements.

Sans autre indication, le fichier multi-index porte le même nom que la base de données: les repères d'index, à leur création, y sont conservés et il est ouvert automatiquement au moment de l'ouverture de la base de données.

Tout nouveau repère d'index est immédiatement maître de l'organisation de la base de données.

Exemple:

```
. USE employes
. INDEX ON nom TAG nom
  100% indexés      17 enregistrements indexés
. LIST nom
Enreg.n° nom
     16  ADAM
     10  ALLIMONT
      8  BLANDIN
     15  CARTIER
      1  DUPONT
     17  FORMONT
      7  JACQUES
     14  JALLES
      3  JONNET
      2  MARLIER
     12  MARTIN
      9  ORSIMONT
      4  SAVAGE
      6  SIMON
     13  TOURNIER
     11  WANDRIN
      5  WAUTIER
. DISPLAY STATUS
Base en cours d'utilisation :
Zone :  1, Base de données : C:\DBASE\EMPLOYES.DBF
        Alias: EMPLOYES
Multiple - Fichier MDX :  C:\DBASE\EMPLOYES.MDX
Maître - Repère d'index : NOM
         Clé : nom
```

Le fichier de production EMPLOYES.MDX n'existait pas; dBase IV l'a créé automatiquement.

```
. INDEX ON fonction TAG fonction

  100% indexés      17 enregistrements indexés

. DISPLAY STATUS,

Base en cours d'utilisation :

Zone :  1, Base de données : C:\DBASE\EMPLOYES.DBF
Alias: EMPLOYES

Multiple - Fichier MDX :  C:\DBASE\EMPLOYES.MDX
         Repère d'index : NOM Clé : nom

Maître - Repère d'index : FONCTION Clé : fonction
```

Le nouvel index est devenu index-maître; sa création n'a pas annulé la déclaration du premier.

```
. INDEX ON servno TAG servno
  100% indexés      17 enregistrements indexés
. INDEX ON FONCTION+NOM TAG FCTNOM
  100% indexés      17 enregistrements indexés
. INDEX ON str(servno,2)+nom TAG servnom
  100% indexés      17 enregistrements indexés
. DISPLAY STATUS
Base en cours d'utilisation :
Zone :   1, Base de données : C:\DBASE\EMPLOYES.DBF
         Alias: EMPLOYES
Multiple - Fichier MDX :  C:\DBASE\EMPLOYES.MDX
           Repère d'index : NOM
           Clé : nom
           Repère d'index : FONCTION
           Clé : fonction
           Repère d'index : SERVNO
           Clé : servno
           Repère d'index : FCTNOM
           Clé : fonction+nom
Maître   - Repère d'index : SERVNOM
           Clé : str(servno,2)+nom
```

Avec le complément OF <nom de fichier de production>, le repère d'index en cours de création est introduit dans le fichier de production mentionné.

Plusieurs fichiers de production peuvent ainsi être construits, mais, pour les utiliser, il faudra les déclarer.

➢ Pour déclarer plusieurs fichiers d'index multiples:

USE <fichier DBF> INDEX <liste de fichiers MDX>

ou

USE <fichier .DBF>

SET INDEX TO <liste de fichiers .MDX>

La liste des fichiers .MDX peut en comporter un maximum de 10.

Par défaut, aucun repère d'index ne sert d'index-maître. Pour en désigner un, il suffit, lors de la déclaration du fichier, d'ajouter à la commande USE le complément

ORDER TAG <nom de repère> [OF<fichier .MDX>]

Il peut également s'ajouter à une commande SET INDEX TO.

L'utilisateur peut encore changer d'index-maître par la commande :

SET ORDER TO [TAG] <nom de repère>
[OF <fichier .MDX>]

Le complément OF <fichier MDX> est obligatoire si plusieurs fichiers MDX déclarés contiennent des repères qui portent le même nom. SET ORDER TO, sans autre spécification, annule la déclaration d'index-maître et le numéro d'enregistrement reprend la main.

Exemple:

Pour désigner le repère EMPFN présent dans le fichier d'index multiple comme index-maître, vous avez le choix entre plusieurs commandes, selon la situation:

Si la base de données n'est pas encore ouverte:

```
. USE employes ORDER fctnom
. DISPLAY STATUS
Base en cours d'utilisation :

Zone :  1, Base de données : C:\DBASE\EMPLOYES.DBF
Alias: EMPLOYES
Multiple - Fichier MDX :  C:\DBASE\EMPLOYES.MDX
         Repère d'index : NOM Clé : nom
         Repère d'index : FONCTION Clé : fonction
         Repère d'index : SERVNO Clé : servno
Maître - Repère d'index : FCTNOM Clé : fonction+nom
         Repère d'index : SERVNOM  Clé :
str(servno,2)+nom
```

Si la base de données est ouverte mais que le fichier d'index multiple ouvert n'est pas EMPLOYES.MDX:

```
. SET INDEX TO employes.mdx ORDER fctnom
```

Si la base de données est ouverte avec le fichier d'index multiple EMPLOYES.MDX mais que l'index-maître est un autre repère:

```
. SET ORDER TO servnom
Index principal : SERVNOM
. DISPLAY STATUS

Base en cours d'utilisation :
Zone :  1, Base de données : C:\DBASE\EMPLOYES.DBF
Alias: EMPLOYES
```

```
Multiple - Fichier MDX :  C:\DBASE\EMPLOYES.MDX
         Repère d'index : NOM Clé : nom
         Repère d'index : FONCTION Clé : fonction
         Repère d'index : SERVNO Clé : servno
         Repère d'index : FCTNOM Clé : fonction+nom
Maître - Repère d'index : SERVNOM  Clé ·
str(servno,2)+nom
```

Dans les commandes CREATE et MODIFY STRUCTURE, un élément supplémentaire a fait son apparition dans la description des champs: INDEX.

Cet élément permet de déterminer si un index doit être généré automatiquement sur ce champ.

Lors de la création d'un fichier, dBase IV générera automatiquement un fichier de production avec un repère (TAG) pour chacun des champs indexés. En modification de structure, si un fichier de production existe, il sera complété; sinon, il sera créé.

Pour supprimer un repère d'index d'un fichier d'index-multiple, on utilisera la commande:

DELETE TAG <nom du repère>

Quatre nouvelles fonctions fournissent les informations utiles sur les index:

- le nom du fichier d'index-multiple:
  MDX(<numéro d'ordre d'ouverture du fichier>)
- le nom d'un repère d'index:
  TAG(<numéro d'ordre du repère d'index>)
- l'expression-clé d'un repère d'index:
  KEY(<numéro d'ordre du repère d'index>)

- le nom de l'index maître:
  ORDER()

Exemple:

```
. DISPLAY STATUS

Base en cours d'utilisation :

Zone :  1, Base de données : C:\DBASE\EMPLOYES.DBF
        Alias: EMPLOYES

Multiple - Fichier MDX :  C:\DBASE\EMPLOYES.MDX
         Repère d'index : NOM
         Clé : nom
         Repère d'index : FONCTION
         Clé : fonction
         Repère d'index : SERVNO
         Clé : servno
         Repère d'index : FCTNOM
         Clé : fonction+nom
Maître - Repère d'index : SERVNOM
         Clé : str(servno,2)+nom
. ? MDX(1)
EMPLOYES.MDX
. ? TAG(2)
FONCTION
. ? KEY(4)
fonction+nom
. ? ORDER()
SERVNOM
```

❐ Les champs mémo

Rappel:

Un champ de type mémo prend 10 positions dans le fichier de données (DBF) auquel il associe un fichier de texte de longueur variable (DBT). Ce type de champ peut d'ailleurs être comparé à un attache-tout permettant de fixer une feuille de papier à une fiche.

Dans dBase III Plus, les seules opérations possibles sur les champs de type mémo sont l'encodage via les commandes APPEND, EDIT, INSERT, READ et l'affichage au moyen des commandes LIST ou DISPLAY.

Pour l'encodage, il convient de positionner le curseur sur le marqueur «mémo» du masque d'écran et d'activer la combinaison de touches CTRL-HOME. On accède ainsi au traitement de texte de dBase ou à tout autre traitement de texte prévu dans le fichier CONFIG.DB par la commande WP. L'activation des touches CTRL-END (sauvegarde) ou 'Echap' (abandon) permet de revenir au masque de saisie.

Pour l'affichage par les commandes LIST ou DISPLAY, il faut obligatoirement citer le nom du champ mémo pour en obtenir l'affichage; sinon, seul le mot «mémo» apparaît lorsqu'on affiche tous les champs sans en préciser la liste.

Par défaut, cet affichage s'établit en 50 caractères par ligne. La largeur d'affichage peut être modifiée par la commande SET MEMOWIDTH TO <largeur d'affichage>.

Toute autre opération sur les champs de type mémo, telles que sélection ou comptage des lignes, etc., est impossible.

Nouveautés:

➢ L'édition

La commande BROWSE permet également d'éditer le contenu d'un champ mémo par l'appui sur la combinaison de touches CTRL-HOME.

Quelle que soit la commande d'édition employée, l'utilisateur peut choisir l'endroit de l'écran où se fera l'édition du champ mémo, lors de l'activation des touches CTRL-HOME, en définissant une fenêtre et en l'associant à l'édition des champs mémo par la commande **SET WINDOW OF MEMO TO <nom de fenêtre>.**

De plus, lorsqu'il réalise l'encodage par un format de saisie, il peut demander l'affichage permanent du contenu du champ mémo en définissant une fenêtre et en ajoutant, à la suite de la commande **GET** qui initialise la saisie du champ mémo, le complément **OPEN WINDOW <nom de fenêtre>.** Pour encoder ou modifier le contenu du champ mémo, il convient de se positionner sur cette fenêtre et d'enfoncer la combinaison de touches CTRL-HOME.

➢ L'affichage et l'impression

En dBase IV comme en dBase III, il est possible d'afficher le contenu d'un champ mémo en précisant son nom dans la liste des éléments des commandes LIST et DISPLAY.

La nouvelle version va plus loin puisqu'elle permet de réaliser une impression ligne à ligne par les commandes ?, ?? et @...SAY; on utilisera la fonction **MLINE(<champ mémo>,<n° de ligne>)** pour décomposer le champ mémo.

dBase IV signale encore le nombre total de lignes contenues dans un champ mémo grâce à la fonction **MEMLINES(<champ mémo>)**. Ces deux fonctions opèrent en tenant compte de la largeur d'affichage des champs mémo établie par la commande SET MEMO-WIDTH.

Exemples:

a) Format d'écran utilisant une fenêtre pour l'affichage et la saisie d'un champ mémo[3] :

```
************************************************************
*-- Name....: BIBLIO.FMT
*-- Date....: 1-12-90
*-- Version.: dBase IV, Format 1.0
*-- Notes...: Format files use "" as delimiters!
************************************************************
*-- Format file initialization code ---------------
IF SET("TALK")="ON"
   SET TALK OFF
   lc_talk="ON"
```

---

3 Ce format d'écran a été généré en mode interactif par la commande CREATE SCREEN puis modifié dans l'éditeur de textes.

```
ELSE
   lc_talk="OFF"
ENDIF
*-- This form was created in EGA25 mode
SET DISPLAY TO EGA25
lc_status=SET("STATUS")
*-- SET STATUS was ON when you went into the Forms
Designer.
IF lc_status = "OFF"
   SET STATUS ON
ENDIF
*-- Window for memo field synth.
DEFINE WINDOW Wndow1 FROM 14,14 TO 19,79
*-- @ SAY GETS Processing. ------------------------
*--  Format Page: 1
@ 4,4 TO 15,74 DOUBLE
@ 5,5 SAY "AUTEUR"
@ 5,14 GET auteur
@ 6,5 SAY "TITRE1"
@ 6,14 GET titre1
@ 7,5 SAY "TITRE2"
@ 7,14 GET titre2
@ 8,5 SAY "GENRE1"
@ 8,14 GET genre1;
      PICTURE "@M Roman, Essai, Récit, Biographie,
      Guide"
@ 9,5 SAY "GENRE2"
@ 9,14 GET genre2
@ 10,5 SAY "COLLECT"
@ 10,14 GET collect
@ 11,5 SAY "EDITEUR"
@ 11,14 GET editeur
@ 12,5 SAY "LIEU"
@ 12,14 GET lieu
@ 13,5 SAY "DATE"
@ 13,14 GET date PICTURE "####" ;
```

```
        RANGE ,str(year(date()),4) ;
        DEFAULT str(year(date()),4)
@ 14,5 SAY "SYNTH"
@ 14,14 GET synth OPEN WINDOW Wndow1
*-- Format file exit code -------------------------
*-- SET STATUS was ON when you went into
*-- he Forms Designer.
IF lc_status="OFF" && Entered form with status off
 SET STATUS OFF && Turn STATUS "OFF" on the way out
ENDIF
RELEASE WINDOWS Wndow1
IF lc_talk="ON"
   SET TALK ON
ENDIF
RELEASE lc_talk,lc_fields,lc_status
*-- EOP: BIBLIO.FMT
```

b) Programme utilisant les fonctions MLINE() et MEMLINES():

```
* Programme : LISBIB.PRG
*             Impression du fichier BIBLIO.DBF
*             avec utilisation des fonctions de
*             gestion des champs mémo.
*
set talk off
use biblio
set memowidth to 80
set print on
* Passage en caractères condensés
?? chr(15)
do while .not.eof()
   ? auteur style "B"
   ?? trim(titre1) at 40 style "U"
   ? trim(editeur)+", "+trim(lieu)+", "+trim(date);
   at 40
```

```
    lm=0
    * Tant que la variable lm est inférieure
    * au nombre de lignes du champ mémo SYNTH
    do while lm<memlines(synth)
       lm=lm+1
         * Imprime la ligne lm du champ mémo SYNTH
         * à la colonne 40
         ? mline(synth,lm) at 40
    enddo
    skip
enddo
use
* Retour en caractères normaux
?? chr(18)
eject
set print off
set talk on
```

Les fonctions d'extraction de chaînes de caractères **LEFT()** et **RIGHT()** s'appliquent aussi au contenu des champs mémo.

Exemple:

```
. ? LEFT(SYNTH,35)
```

Les champs mémo sont ouverts sur le monde extérieur grâce à deux commandes:

- l'une importe le contenu d'un fichier-texte:
  APPEND MEMO <nom du champ mémo>
  FROM <nom du fichier-texte> [OVERWRITE];
- l'autre exporte le contenu d'un fichier-texte:
  COPY MEMO <nom du champ mémo>
  TO <nom du fichier-texte> [ADDITIVE].

Exemples:

```
. APPEND MEMO SYNTH FROM CV.TXT
```

Le contenu du fichier CV.TXT s'ajoute à la fin du champ mémo.

```
. APPEND MEMO SYNTH FROM CV.TXT OVERWRITE
```

Le fichier CV.TXT remplace le contenu du champ mémo.

```
. COPY MEMO SYNTH TO CV.TXT
```

Le contenu du fichier texte CV.TXT est remplacé par le contenu du champ mémo.

```
. COPY MEMO SYNTH TO CV.TXT ADDITIVE
```

Le contenu du champ mémo s'ajoute au contenu déjà existant du fichier-texte CV.TXT.

Les zones de travail et les relations entre fichiers

USE	FIELD()
LIST/DISPLAY STRUCTURE	ISMARKED()
GO	KEY()
SKIP	LUPDATE()
RESET	MDX()
UNLOCK	ORDER()
SET SKIP TO	NDX()
ALIAS()	RECCOUNT()
SELECT()	RECNO()
DBF()	RECSIZE()
DELETED()	SEEK()
	TAG()

Rappel:

Lors du chargement de dBase, c'est la première zone de travail qui est activée par défaut.

dBase met à la disposition de l'utilisateur 10 zones de travail numérotées de 1 à 10 ou de A à J, la dixième zone étant normalement réservée au catalogue.

Toutes les commandes de traitement des fichiers travaillent dans la zone de travail active. La commande SELECT <n° zone/alias> permet de sélectionner une zone spécifique.

L'alias par défaut est la lettre représentant la zone. Toutefois, dès l'ouverture d'un fichier dans une zone de travail, dBase affecte le nom du fichier comme nom d'alias de la zone. Rien ne s'oppose à ce que l'utilisateur attribue un nom d'alias différent du nom de fichier par le complément ALIAS <alias> de la commande USE.

Si une commande se réfère à un champ ne faisant pas partie du fichier ouvert dans la zone active, son nom doit être précédé du nom de la zone d'alias, les deux éléments étant séparés par le symbole ->.

Les zones de travail sont indépendantes: le déplacement du pointeur d'enregistrements dans l'une d'elles n'affecte en rien les pointeurs dans les autres zones.

La mise en relation de deux fichiers permet de provoquer le déplacement du pointeur d'enregistrements simultanément dans les deux fichiers. Elle consiste à demander à dBase que, pour tout déplacement du pointeur d'enregistrements dans le fichier au départ duquel on tend la relation, le pointeur se déplace également vers le **premier** enregistrement du fichier vers lequel on la tend, qui correspond à la valeur d'expression de la mise en relation.

Précédemment, chaque fichier dBase ne pouvait être mis en relation qu'avec un seul autre fichier, même si cette relation pouvait s'établir en cascade.

Dans dBase IV, chaque fichier peut être «parent» de plusieurs «enfants» selon le schéma suivant:

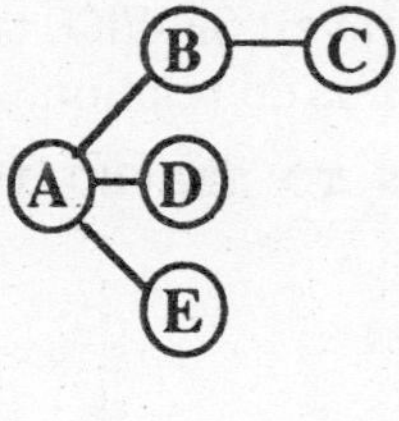

Dans nos fichiers d'exemples, nous voulons, pour tout employé retrouvé dans le fichier EMPLOYES.DBF, faire afficher le nom du service correspondant en provenance du fichier SERVICE.DBF.

```
. SELECT 2
. USE SERVICE ORDER SERVNO
. SELECT 1
. USE EMPLOYES
. LIST NOM,FONCTION,SERVICE->NOMSERV
```

```
Enreg.n° NOM         FONCTION    SERVICE->NOMSERV
      1  DUPONT      COMMIS      ADMINISTRATION
      2  MARLIER     MANAGER     ADMINISTRATION
      3  JONNET      MANAGER     ADMINISTRATION
      4  SAVAGE      ANALYSTE    ADMINISTRATION
      5  WAUTIER     ANALYSTE    ADMINISTRATION
      6  SIMON       COMMIS      ADMINISTRATION
      7  JACQUES     COMMIS      ADMINISTRATION
      8  BLANDIN     MANAGER     ADMINISTRATION
      9  ORSIMONT    PRESIDENT   ADMINISTRATION
     10  ALLIMONT    VENDEUR     ADMINISTRATION
     11  WANDRIN     VENDEUR     ADMINISTRATION
     12  MARTIN      VENDEUR     ADMINISTRATION
     13  TOURNIER    VENDEUR     ADMINISTRATION
     14  JALLES      COMMIS      ADMINISTRATION
     15  CARTIER     VENDEUR     ADMINISTRATION
     16  ADAM        COMMIS      ADMINISTRATION
     17  FORMONT     ANALYSTE    ADMINISTRATION
```

En raison de l'indépendance des zones, dBase n'est capable d'afficher que le contenu de l'enregistrement courant de la zone de travail SERVICE tant que les deux fichiers n'ont pas été mis en relation.

```
. SET RELATION TO SERVNO INTO SERVICE
```

Cette dernière commande enjoint à dBase de rechercher, dans l'index SERVNO de la zone d'alias SERVICE dont la clé d'indexation est le champ SERVNO du fichier SERVICE, la valeur du champ SERVNO de l'enregistrement courant dans la zone d'alias EMPLOYES.

```
. LIST NOM,FONCTION,SERVICE->NOMSERV
```

Enreg.n°	NOM	FONCTION	SERVICE->NOMSERV
1	DUPONT	COMMIS	ADMINISTRATION
2	MARLIER	MANAGER	ADMINISTRATION
3	JONNET	MANAGER	ANALYSE
4	SAVAGE	ANALYSTE	ANALYSE
5	WAUTIER	ANALYSTE	ANALYSE
6	SIMON	COMMIS	ADMINISTRATION
7	JACQUES	COMMIS	ADMINISTRATION
8	BLANDIN	MANAGER	VENTES
9	ORSIMONT	PRESIDENT	ADMINISTRATION
10	ALLIMONT	VENDEUR	VENTES
11	WANDRIN	VENDEUR	VENTES
12	MARTIN	VENDEUR	VENTES
13	TOURNIER	VENDEUR	VENTES
14	JALLES	COMMIS	VENTES
15	CARTIER	VENDEUR	VENTES
16	ADAM	COMMIS	ANALYSE
17	FORMONT	ANALYSTE	ADMINISTRATION

Puisque dBase retrouve systématiquement le **premier** enregistrement correspondant à la clé, il faudra toujours tendre la relation à partir du fichier (de la zone d'alias) contenant plusieurs occurrences d'une même clé vers celui qui contient la clé unique.

Reprenons notre exemple: dans le fichier SERVICE, SERVNO est unique, tandis que, dans le fichier EMPLOYES, SERVNO est multiple.

Dans dBase III Plus, chaque fichier ne peut être au départ et à l'arrivée que d'une seule relation, mais la mise en relation peut s'établir en cascade. Ainsi, nous pourrions tendre une relation supplémentaire depuis le fichier SERVICE vers un fichier DEPART.

```
. SELECT 3
. USE DEPART ORDER DEPTNO
. SELECT SERVICE
. SET RELATION TO DEPTNO INTO DEPART
. SELECT EMPLOYES
. LIST NOM,SERVICE->NOMSERV,DEPART->LIBELLE
Enreg.n° NOM       SERVICE->NOMSERV DEPART->LIBELLE
      1  DUPONT    ADMINISTRATION   Paris (Ville de)
      2  MARLIER   ADMINISTRATION   Paris (Ville de)
      3  JONNET    ANALYSE          Oise
      4  SAVAGE    ANALYSE          Oise
      5  WAUTIER   ANALYSE          Oise
      6  SIMON     ADMINISTRATION   Paris (Ville de)
      7  JACQUES   ADMINISTRATION   Paris (Ville de)
      8  BLANDIN   VENTES           Seine-et-Marne
      9  ORSIMONT  ADMINISTRATION   Paris (Ville de)
     10  ALLIMONT  VENTES           Seine-et-Marne
     11  WANDRIN   VENTES           Seine-et-Marne
     12  MARTIN    VENTES           Seine-et-Marne
     13  TOURNIER  VENTES           Seine-et-Marne
     14  JALLES    VENTES           Seine-et-Marne
     15  CARTIER   VENTES           Seine-et-Marne
     16  ADAM      ANALYSE          Oise
     17  FORMONT   ADMINISTRATION   Paris (Ville de)
```

La mise en relation n'est rien d'autre qu'un statut qu'on affecte à un fichier:

```
. DISPLAY STATUS

Base en cours d'utilisation :
Zone :  1,  Base de données : C:\DBASE\EMPLOYES.DBF
        Alias: EMPLOYES
        Relié dans : SERVICE
        Relation : SERVNO
Zone :   2, Base de données : C:\DBASE\SERVICE.DBF
         Alias: SERVICE
Maître - Fichier index : SERVNO.NDX Clé : SERVNO
         Relié dans : DEPART
         Relation: DEPTNO
Zone :   3, Base de données : C:\DBASE\DEPART.DBF
         Alias: DEPART
Maître - Fichier index : DEPDEP.NDX
         Clé : DEPTNO
```

Rappel:

dBase IV n'exige pas systématiquement le déplacement de zone en zone au moyen de la commande SELECT pour déclarer ou agir sur un fichier ouvert dans une autre zone que la zone active.

En effet, quelques commandes de traitement des fichiers ont un complément IN <n° zone/alias> qui permet d'agir directement dans la zone désignée:

USE <fichier> ... [IN <n° zone>]
LIST/DISPLAY STRUCTURE [IN <ALIAS>]
RESET [IN <alias>]
GO <expression numér.>/TOP/BOTTOM [IN <ALIAS>]
SKIP [±] [<expression numérique>] [IN <alias>]
UNLOCK [all/in <alias>]

Exemples:

```
. USE EMPLOYES IN 2
. LIST STRUCTURE IN 2

Structure de la base          : C:\DBASE\EMPLOYES.DBF
Nombre d'enregistrements      :      17
Date de dernière mise à jour: 17/03/90
Numéro  Champ     Type        Largeur  Déc.  Index
  1     NUMERO    Numérique      4             N
  2     NOM       Caractère     15             O
  3     ENTREE    Date           8             N
  4     FONCTION  Caractère     15             O
  5     SALAIRE   Numérique      9       2     N
  6     COMMISS   Numérique      9       2     N
  7     PRIME     Logique        1             N
  8     SERVNO    Numérique      2             O
** Total **                     64

. GO TOP IN 2
. SKIP 4 IN 2
```

Pour trouver une zone de travail libre afin d'ouvrir une base de données, on utilisera la fonction **SELECT()** qui renvoie le plus grand numéro de zone libre.

La fonction **ALIAS()**, quant à elle, fournit le nom d'alias de la zone de travail active.

Exemple:

```
. USE EMPLOYES IN 10 ALIAS EMP
. USE SERVICES IN 9
. ? SELECT()

8

. SELECT 10
. ? ALIAS()
EMP
```

Un grand nombre de fonctions, qui jusqu'à dBase III Plus ne pouvaient être appliquées que dans la zone de travail active, acceptent de fournir leur information à propos des fichiers ouverts dans les autres zones de travail. Il suffit de mentionner entre les parenthèses le nom d'alias.

DBF()	DELETED()	EOF()
FIELD()	FLOCK()	FOUND()
ISMARKED()	KEY()	LUPDATE()
MDX()	ORDER()	NDX()
RECCOUNT()	RECNO()	RECSIZE()
SEEK()	TAG()	

Exemple:

```
. USE EMPLOYES IN 2
. ? LUPDATE(EMPLOYES)
23/2/91
```

Il est maintenant possible d'ouvrir une même base de données dans plusieurs zones de travail différentes en complétant la commande USE avec AGAIN.

Exemple:

```
. USE EMPLOYES
. USE EMPLOYES IN 2 AGAIN
. DISPLAY STATUS

Base en cours d'utilisation :

Zone : 1,  Base de données : C:\DBASE\EMPLOYES.DBF
       Alias: EMPLOYES

Zone : 2,  Base de données : C:\DBASE\EMPLOYES.DBF
       Alias: B
```

En ce qui concerne la mise en relation, chaque fichier peut maintenant être «parent» de plusieurs relations mais ne peut toujours être «enfant» que d'une seule.

Dans nos exemples habituels sur les fichiers EMPLOYES, SERVICE et DEPART, nous pourrions partir du fichier SERVICE pour tendre des relations vers les deux autres.

```
. USE EMPLOYES IN 2 ORDER SERVNO
Index principal : SERVNO
. USE DEPART IN 3 ORDER DEPTNO
Index principal : DEPTNO
. USE SERVICE
. SET RELATION TO SERVNO INTO EMPLOYES,;
      DEPTNO INTO DEPART
. LIST NOMSERV,EMPLOYES->NOM,DEPART->LIBELLE
Enreg.n° NOMSERV             EMPLOYES->NOM  DEPART->LIBELLE
      1  ADMINISTRATION      DUPONT         Paris (Ville de)
      2  ANALYSE             JONNET         Oise
      3  VENTES              BLANDIN        Seine-et-Marne
      4  INFORMATIQUE                       Essonne
```

Dans cet exemple, nous supposons qu'il existe un fichier de production (.MDX) pour le fichier EMPLOYES.DBF et que le repère (TAG) SERVNO a pour clé le champ SERVNO.

Par défaut, comme en dBase III, la mise en relation ne permet de retrouver que le premier enregistrement dont la clé correspond à l'expression de mise en relation.

Ici par contre, il n'est plus indispensable de tendre la relation du multiple vers l'unique puisqu'il est possible de demander la recherche automatique de tous les enregistrements correspondant à la clé de mise en relation par la commande :

SET SKIP TO <alias>[,<alias> ...]

Dans notre exemple, nous ne pouvons, dans l'état actuel des choses, récupérer que le premier employé travaillant dans un service donné. Pour récupérer tous les employés d'un service, nous devons ajouter :

```
. SET SKIP TO EMPLOYES
. LIST NOMSERV,EMPLOYES->NOM,DEPART->LIBELLE
Enreg.n° NOMSERV        EMPLOYES->NOM DEPART->LIBELLE
      1  ADMINISTRATION DUPONT        Paris (Ville de)
      1  ADMINISTRATION MARLIER       Paris (Ville de)
      1  ADMINISTRATION SIMON         Paris (Ville de)
      1  ADMINISTRATION JACQUES       Paris (Ville de)
      1  ADMINISTRATION ORSIMONT      Paris (Ville de)
      1  ADMINISTRATION FORMONT       Paris (Ville de)
      2  ANALYSE        JONNET        Oise
      2  ANALYSE        SAVAGE        Oise
      2  ANALYSE        WAUTIER       Oise
      2  ANALYSE        ADAM          Oise
      3  VENTES         BLANDIN       Seine-et-Marne
      3  VENTES         ALLIMONT      Seine-et-Marne
      3  VENTES         WANDRIN       Seine-et-Marne
      3  VENTES         MARTIN        Seine-et-Marne
      3  VENTES         TOURNIER      Seine-et-Marne
      3  VENTES         JALLES        Seine-et-Marne
      3  VENTES         CARTIER       Seine-et-Marne
      4  INFORMATIQUE                 Essonne
```

Cette double mise en relation reste un statut du fichier, mémorisable par la commande CREATE VIEW FROM ENVIRONMENT.

```
. display status
Base en cours d'utilisation :
Zone :  1, Base de données : C:\DBASE\SERVICE.DBF
Alias: SERVICE
Multiple - Fichier MDX :  C:\DBASE\SERVICE.MDX
           Repère d'index : SERVNO
           Clé : SERVNO
```

```
            Relié dans : EMPLOYES
            Relation: SERVNO
            Relié dans : DEPART
            Relation: DEPTNO
Zone :  2, Base de données : C:\DBASE\EMPLOYES.DBF
        Alias: EMPLOYES
Multiple - Fichier MDX : C:\DBASE\EMPLOYES.MDX
            Repère d'index : NOM
            Clé : NOM
            Repère d'index : FONCTION
            Clé : FONCTION
Maître - Repère d'index : SERVNO Clé :SERVNO
         Repère d'index : FCTNOM Clé : fonction+nom
         Repère d'index : SERVNOM Clé:
                                    str(servno,2)+nom
Zone :  3, Base de données : C:\DBASE\DEPART.DBF
        Alias: DEPART
Multiple - Fichier MDX :  C:\DBASE\DEPART.MDX
Maître - Repère d'index : DEPTNO
         Clé : deptno
```

La consultation et la mise à jour

VARREAD()
BROWSE
EDIT
CREATE/MODIFY SCREEN
SET FORMAT TO

❐ Le champ en cours d'édition

Une nouvelle fonction retourne le nom du champ ou de la variable en cours d'édition: **VARREAD()**.

Exemple:

```
on key f1 do aide
use employes
clear
@4,2 say "Nom : " get nom
@5,2 say "Fonction : " get fonction
@6,2 say "Salaire : " get salaire
read
...
procedure aide
do case
       case varread() = "nom"
       @20,1 say "Entrez le nom de l'employé"
       case varread() = "fonction"
       @20,1 SAY "Entrez la fonction de l'employé"
       CASE VARREAD() = "salaire"
       @20,1 SAY "Entrez le salaire mensuel"
ENDCASE
RETURN
```

❐ Les écrans standards de saisie et de consultation

Rappel:

BROWSE est une commande de plein-écran (l'écran 'Tableau') qui affiche les enregistrements sous la forme d'un tableau et permet d'éditer et d'ajouter des enregistrements dans une base de données.

EDIT est une commande de plein-écran (l'écran 'Enregistrement') qui permet d'afficher les enregistrements un à un, en utilisant soit le masque de saisie par défaut, soit un format d'écran défini par l'utilisateur.

Nouveautés:

En dBase IV, il est loisible de passer de l'écran 'Tableau' (BROWSE) à l'écran 'Enregistrement' (EDIT) et inversement en appuyant sur la touche de fonction F2 DATA.

BROWSE

[FIELDS <champ 1> [/R] [/<largeur d'affichage>] /<champ calculé 1>=<expression 1> [, <champ 2> [/R] [/<largeur d'affichage>] /<champ calculé 2>=<expression 2>]...]

[NOINIT] [NOFOLLOW] [NOAPPEND] [NOMENU] [NOEDIT] [NODELETE] [NOCLEAR] [COMPRESS] [FORMAT] [LOCK <expression numérique>] [WIDTH <expression numérique>] [FREEZE <champ>] [WINDOW <fenêtre>]

EDIT

[FIELDS <liste de champs>] [<étendue>] [FOR <condition>] [WHILE <condition>]

[NOINIT] [NOFOLLOW] [NOAPPEND] [NOMENU] [NOEDIT] [NODELETE] [NOCLEAR]

➢ Les options communes aux deux commandes:

NOINIT demande à dBase d'utiliser les options de la dernière commande BROWSE ou EDIT.

NOFOLLOW n'affecte que les fichiers indexés. Sans cette option, la modification d'un champ intervenant dans la clé d'index repositionne l'enregistrement par rapport à sa nouvelle valeur dans l'index. Avec cette option, l'enregistrement est repositionné mais l'enregistrement qui suivait la valeur modifiée dans l'index devient l'enregistrement courant.

NOAPPEND empêche d'ajouter des enregistrements en fin de fichier.

NOMENU interdit l'accès à la barre de menu et supprime son affichage.

NOEDIT empêche de modifier les données affichées à l'écran. Il est toujours possible d'ajouter des enregistrements ou d'en marquer pour la suppression.

NODELETE interdit le marquage pour la suppression par CTRL-U.

NOCLEAR laisse les données affichées sur l'écran lors du retour au symbole de disponibilité.

<champ calculé>=<expression> permet de définir et de nommer des champs calculés. Pour chacun d'eux, il faudra préciser un nom de champ et une expression, par exemple:

```
SALCOMM=SALAIRE+COMMISS
```

➢ Les options propres à la commande BROWSE:

COMPRESS réduit légèrement le format d'affichage du tableau afin que l'écran puisse afficher deux lignes supplémentaires. Les en-têtes de colonnes sont placés sur la première ligne du cadre et aucune ligne ne les sépare des données.

FORMAT demande à dBase d'utiliser les options des commandes @...GET du fichier de format actif (.FMT). Les coordonnées d'écran spécifiées dans ces commandes sont ignorées mais toutes les options de formatage et de validation des données sont utilisées.

LOCK spécifie le nombre de champs contigus qui doivent rester affichés à la gauche de l'écran lorsque l'utilisateur se déplace dans le tableau au moyen des touches F3 et F4.

WIDTH fixe une largeur de colonne maximale pour tous les champs du tableau, exception faite des champs de types logique et mémo. Cette largeur prend le pas sur celle définie dans la structure du fichier. Si on précise à la fois une option WIDTH et une <largeur de colonne>, c'est la plus petite des deux valeurs qui s'appliquera.

FREEZE limite l'édition au seul champ précisé; les autres champs peuvent bien sûr être affichés mais ne peuvent en aucun cas subir de modifications.

WINDOW active une fenêtre préalablement définie pour y afficher le tableau des données. La fenêtre est automatiquement désactivée lors du retour au symbole de disponibilité à moins que l'option NOCLEAR n'ait été précisée. Si une fenêtre était active lors de l'exécution de la commande BROWSE, elle est utilisée.

FIELDS désigne les champs et définit leur ordre d'affichage dans le tableau:

- L'option **/R** (read only) interdit la modification d'un champ.
- L'option **/<largeur de colonne>** définit la largeur de l'affichage (4 à 100 pour les champs de type caractère, 8 à 100 pour les champs de types date ou numériques).

Les deux commandes fournissent un ensemble de menus permettant:

- de marquer des enregistrements pour l'effacement;
- d'exécuter des recherches sur le contenu des champs;
- de modifier la présentation du tableau des données (commande BROWSE uniquement);
- de créer, modifier, supprimer et activer des repères d'index et des index NDX (dBIV 1.1);
- de supprimer les enregistrements marqués pour l'effacement (dBIV 1.1);
- de trier la base de données (dBIV 1.1).

❐ Les écrans personnalisés de saisie et de consultation

Rappel:

En dBase III Plus, un écran de saisie et de consultation pourra être créé grâce à un éditeur plein écran, où les champs et les commentaires seront positionnés. Un masque et quelques fonctions de saisie sont disponibles.

➢ Pour créer ou modifier un écran de saisie:

CREATE / MODIFY SCREEN <NOM DE L'ECRAN>

L'écran est activé avec la commande:

SET FORMAT TO <NOM DE L'ECRAN>

Pour plus détails sur les écrans de saisie (introduits par dBase III Plus), voyez le chapitre 3 “De dBase III à dBase III Plus”.

Nouveautés:

Si le principe et les commandes restent identiques, le positionnement des éléments, l'encadrement et la définition de masques et de fonctions de saisie sont plus complets.

D'autre part, dBase IV propose un menu (accessible par l'appui sur F10) où l'on retrouve les options propres à la création et à la modification de l'écran:

Présenter

Format standard crée un format simple ressemblant à l'écran ‘Enregistrement’ proposé par la commande EDIT.

Cadre encadre une portion de l'écran au moyen d'une ligne double ou simple.

Ligne permet de tracer une ligne simple ou double.

Nouvelle base ou vue sert à activer d'autres bases de données dont les champs feront partie de l'écran.

Modifier la description permet d'ajouter au fichier un commentaire qui apparaîtra notamment dans le centre de contrôle.

Sauvegarder mémorise l'écran en cours de travail.

Champs

Ajouter introduit dans l'écran un champ de la base de données active ou un champ calculé. Pour chaque champ, il est possible de préciser un masque et des fonctions de saisie et d'affichage ainsi que des fonctions de contrôle de la saisie.

Effacer supprime un élément de l'écran.

Modifier modifie les masques et les fonctions d'un champ déjà introduit.

➢ La réalisation d'un écran de saisie

Dans l'exemple suivant, nous créerons un écran de saisie et de consultation pour les bases de données EMPLOYES et SERVICE, ce qui permettra de saisir et de visualiser sur un même écran, les données relatives aux employés et au service auquel ils sont attachés.

```
. USE EMPLOYES
. USE SERVICE ORDER SERVNO IN 2
. SET RELATION TO SERVNO INTO SERVICE
. CREATE SCREEN EMPSERV
```

Pour éviter d'entrer un par un les différents champs, ouvrons le menu (en appuyant sur F10) et choisissons les options **Présenter - Format standard** (voir l'écran suivant).

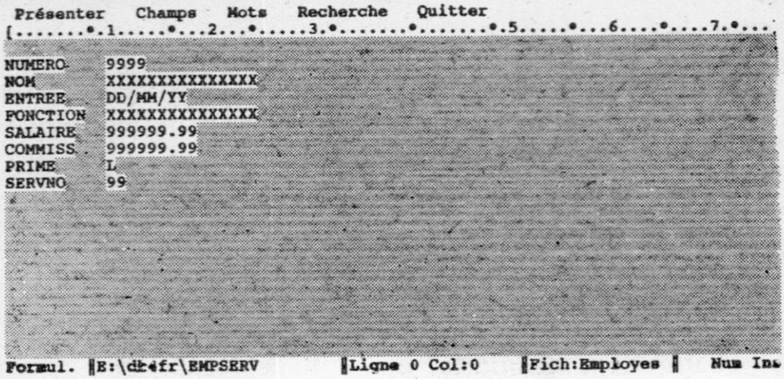

L'écran de saisie EMP_SERV au format standard.

Déplaçons les éléments (les champs et le texte) sur l'écran et ajoutons des encadrements pour obtenir le résultat présenté à l'écran suivant.

➢ Pour sélectionner un élément:

- Se positionner sur le premier caractère de l'élément à sélectionner.
- Commencer la sélection en enfonçant la touche F6.
- Se déplacer jusqu'au dernier caractère de l'élément à sélectionner.
- Enfoncer la touche 'Entrée'.

➢ Pour supprimer un élément:

- Sélectionner l'élément à supprimer.
- Enfoncer la touche 'Suppr'.

➢ Pour déplacer/copier un élément:

- Sélectionner l'élément à déplacer/copier.
- Enfoncer la touche F7 (pour déplacer) ou F8 (pour copier).

- Se déplacer jusqu'à l'endroit où l'élément doit être déplacé/copié.
- Enfoncer la touche 'Entrée'.

➢ Pour ajouter du texte:

- Se positionner à l'endroit voulu.
- Saisir le texte.

➢ Pour souligner/encadrer:

- Activer le menu (F10).
- Valider l'option **Présenter**.
- Choisir la sous-option souhaitée: Cadre ou Ligne.
- Sélectionner le type de ligne désiré.
- Se positionner à l'angle supérieur gauche du cadre.
- Enfoncer la touche 'Entrée'.
- Se positionner à l'angle inférieur droit du cadre.
- Enfoncer de nouveau la touche 'Entrée'.

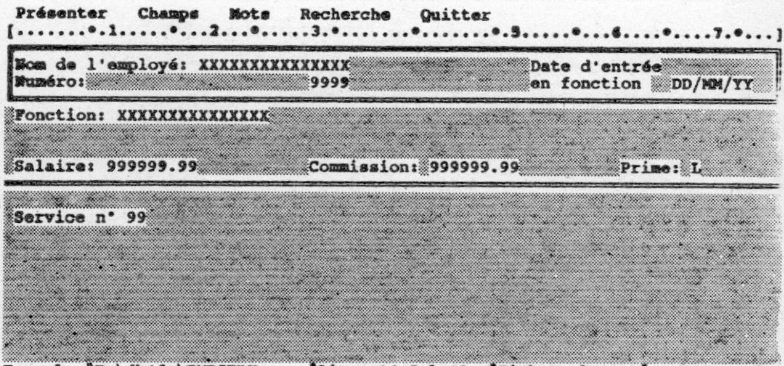

L'écran de saisie EMPSER
après repositionnement des éléments.

Pour intégrer les champs de la base de données SERVICE, il faut l'activer par l'option Nouvelle base ou vue du menu **Présenter**.

Il reste alors à placer le champ NOMSERV.

La création d'un champ calculé ANCIENNETE permettra d'afficher le nombre d'années d'ancienneté de l'employé.

Dans le menu **Champs**, l'option Ajouter propose la création d'un champ calculé.

Ce nouveau champ, nommé ANCIEN présentera le résultat de l'expression:

INT(DATE()-EMPLOYES->ENTREE)

Et finalement, nous obtenons l'écran suivant.

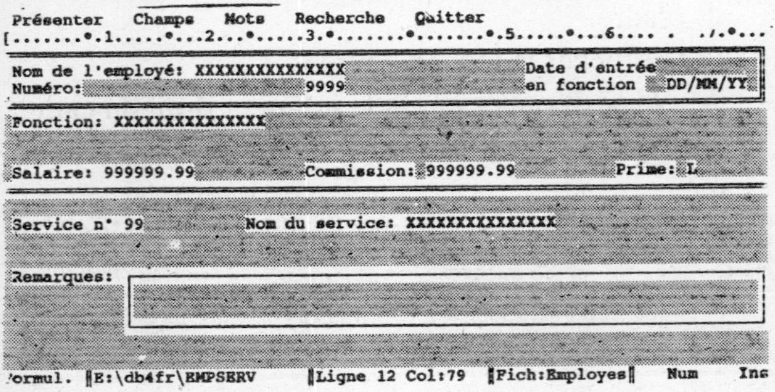

L'écran de saisie EMPSERV complet.

Il reste alors à préciser les masques et les fonctions de saisie, les fonctions de contrôle de la saisie.

Pour cela, placez le curseur dans le champ sur lequel vous voulez agir. Choisissez l'option 'Modifier' du menu 'Champ' et validez Masque, Fonctions ou Contrôle de saisie.

Après avoir quitté et sauvegardé cet écran de création par le menu 'Quitte', il suffit pour l'activer d'entrer la commande **SET FORMAT TO EMPSERV**

La commande EDIT ne présentera plus son écran standard mais l'écran EMPSERV, comme le montre la figure ci-dessous.

```
Nom de l'employé: DUPONT              Date d'entrée
Numéro:                409            en fonction    21/10/57

Fonction: COMMIS                      Ancienneté:  34

Salaire: 11876,00    Commission:   1890,00    Prime: N

Service n°  5      Nom du service: Achat

Remarques
```

L'écran de saisie EMPSERV activé pour l'édition des bases de données.

L'exploitation des bases de données

❒ La recherche

SET NEAR on/OFF	**CREATE QUERY**
FOUND()	**MODIFY QUERY**
SEEK()	**CREATE VIEW**
LOOKUP()	**SET VIEW TO**

Rappel:

L'utilisateur peut, à tout moment, exécuter une recherche dans l'index-maître déclaré avec un fichier de données.

Celle-ci s'établit au moyen de la commande FIND si l'élément recherché est un texte littéral ou un nombre, ou avec la commande SEEK s'il s'agit d'une expression.

Au cas où la recherche aboutit, dBase se positionne sur le **premier** enregistrement indexé par cette valeur. La fonction FOUND() = .T.

Dans le cas contraire, le pointeur d'enregistrement se trouve en fin de fichier, la fonction EOF() = .T. et la fonction FOUND() = .F.

Il est à noter que, si le paramètre SET EXACT est OFF, l'utilisateur peut se contenter de préciser les premiers caractères d'une valeur recherchée.

Nouveautés:

dBase permet de rechercher un enregistrement dont la valeur de clé d'indexation est plus grande ou égale à la valeur recherchée.

Il suffit, pour ce faire, de déclarer le paramètre **SET NEAR ON.** Si la recherche n'aboutit pas, un message indiquant que la recherche n'a pas abouti apparaît et la fonction FOUND() renvoie la valeur logique .F.; toutefois, le pointeur d'enregistrements ne se positionne pas en fin de fichier mais bien sur l'enregistrement dont la valeur de clé suit la valeur recherchée.

En plus de la commande SEEK, le logiciel propose maintenant une fonction SEEK().

SEEK (<expression caractère>[,<alias>])

Cette fonction assume un double rôle: d'une part celui des commandes SEEK ou FIND puisqu'elle positionne le pointeur sur l'enregistrement voulu s'il existe ou en fin de fichier s'il n'existe pas, et, d'autre part, celui de la fonction FOUND() puisqu'elle renvoie la valeur .T. si la recherche aboutit et .F. dans le cas contraire.

Ainsi, la séquence d'instructions:

```
SEEK <variable>
IF FOUND()
   <commandes>
ENDIF
```

pourrait être remplacée par:

```
IF SEEK (<variable>)
   <commandes>
ENDIF
```

dBase IV propose aussi une fonction de recherche qui, non seulement, pointe l'enregistrement correspondant au critère de recherche mais retourne le contenu d'un champ de cet enregistrement:

LOOKUP(<nom du champ à retourner>,
<valeur recherchée>,
<nom du champ à consulter>)

Cette fonction agit même si la base de données n'est pas indexée sur le champ dans lequel la recherche est effectuée.

Exemple:

Les instructions suivantes:

```
USE EMPLOYES
LOCATE FOR NOM = "SIMON"
? FONCTION
```

peuvent être remplacées par:

```
? LOOKUP(NOM,"SIMON",FONCTION)
```

❐ Les filtres d'extraction et les vues

dBase III+ permettait la création de vues et d'extractions sur une base de données au moyen des commandes CREATE VIEW et CREATE QUERY.

dBase IV a considérablement développé cette fonction au point de proposer un module très complet d'interrogation nommé ‘Recherche par l'exemple’ (Query by example).

Ce module permet de réaliser deux types d'opérations:

- la création d'une vue par:
  - extraction d'enregistrements répondant à certaines conditions;
  - organisation des enregistrements extraits;

- sélection et organisation des champs qui seront présentés;

- le traitement des données, c'est-à-dire:
  - le repérage d'enregistrements pour la suppression;
  - la recherche d'un enregistrement;
  - l'ajout d'enregistrements;
  - l'exécution de calculs statistiques.

La méthode de création des conditions d'extraction et de sélection des champs est très visuelle et presque intuitive.

On accède à ce module par la commande CREATE QUERY. Dans le centre de contrôle, une colonne est réservée aux extractions.

Les fichiers d'extraction porteront l'extension QBE, tandis que les fichiers de mise à jour recevront l'extension UPD (Update).

Les conditions d'extractions seront mises à jour par la commande MODIFY QUERY ou, bien sûr, par le centre de contrôle.

➢ L'écran 'Extraction'

L'écran présente deux zones:

- la zone supérieure pour créer les conditions d'extraction des enregistrements;
- la zone inférieure pour sélectionner les champs qui feront partie de la vue.

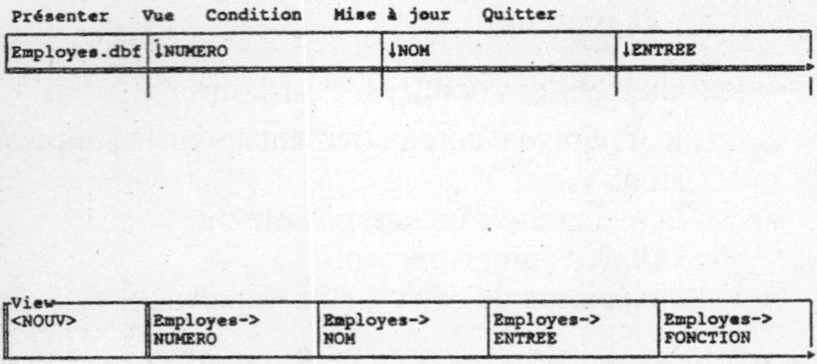

L'écran 'Extraction'.

La première ligne affiche les menus:

- le menu 'Présenter' propose l'ajout et la suppression d'une base de données, la création de relations entre bases de données, la sauvegarde de l'extraction;
- le menu 'Vue' gère la sélection des champs, l'organisation des enregistrements (indexation et tri) et la création des champs calculés;
- le menu 'Condition' permet de créer une condition globale et prioritaire;
- le menu 'Mise à jour' crée et exécute diverses commandes agissant sur la vue définie;
- le menu 'Quitter' vous ramènera à l'écran de départ.

➢ La création d'un filtre d'extraction

Il suffira d'entrer la condition d'extraction dans la case du champ sur lequel elle porte.

Par exemple, pour extraire de la base de données des employés, tous les commis, on entrera dans la case 'fonction' la condition suivante.

Employes.dbf	↓FONCTION	↓SALAIRE
	="COMMIS"	

Les conditions pourront porter sur plusieurs champs simultanément.

Par exemple, pour extraire tous les commis travaillant au service numéro 1:

Employes.dbf	↓FONCTION	↓SERVNO
	="COMMIS"	=1

Pour combiner plusieurs conditions sur le contenu d'un même champ, on pourra utiliser:

- l'opérateur logique ET, symbolisé par la virgule;
- l'opérateur OU, symbolisé par l'utilisation d'une ligne supplémentaire.

Par exemple, pour extraire tous les employés dont le salaire varie entre 8 000 et 12 000 francs, on écrira les conditions suivantes:

Employes.dbf	↓SALAIRE	↓COMMISS
	>=8000,<=12000	

Par exemple:

Pour sélectionner les commis et les managers, on écrira la condition suivante:

Employes.dbf	↓FONCTION	↓SALAIRE
	="COMMIS"	
	="MANAGER"	

La condition de l'exemple ci-dessus signifie qu'un enregistrement sera extrait si le champ FONCTION contient soit "COMMIS" soit "MANAGER".

Les opérateurs de comparaison ne sont pas nouveaux: vous utiliserez les signes habituels: >, <, >=, <=, =, <>.

Les dates seront aussi introduites dans les conditions en utilisant simplement leur nouvel identificateur (les accolades).

Par exemple:

Employes.dbf	↓ENTREE	↓FONCTION
	>={1/1/88},<={31/12/8	

Des champs calculés pourront être introduits dans la vue et faire eux aussi l'objet de condition d'extraction.

Par exemple, un champ calculé (nommé ANCIENNETE) produit comme résultat le nombre d'années écoulées depuis l'entrée en service. Une condition sera introduite dans ce champ comme dans n'importe quel autre champ:

Employes.dbf	↓ENTREE	↓FONCTION

Calculés	ANCIENNETE= (DATE()-ENTREE)/360
	>2

On pourra également créer une condition globale qui agira en priorité sur les enregistrements.

Il sera ainsi possible d'effectuer, par exemple, une extraction de tous les enregistrements marqués pour la suppression:

Employes.dbf	↓NUMERO	↓ENTREE

```
CONDITION
deleted()
```

➢ La création de la vue

La deuxième étape de la création du fichier d'extraction consiste en la sélection des champs qui seront présents dans la vue.

C'est la partie inférieure de l'écran qui entre en jeu.

Chaque champ présent dans la vue est identifié également dans la première partie de l'écran. Un nom de champ, quand il est précédé d'une flèche, fait partie de la vue.

L'appui sur la touche F5 enverra un champ dans la vue ou au contraire l'éliminera de la vue.

Par exemple: les champs NOM et FONCTION font partie de la vue, tandis que le champ ENTREE en est exclu.

Employes.dbf	↓NOM	ENTREE	↓FONCTION

View <NOUV>	Employes-> NOM	Employes-> FONCTION

Une fois que les champs sont sélectionnés, il est encore possible de modifier leur ordre de présentation.

L'exécution de l'extraction et la présentation de la vue résultante seront demandées en appuyant simplement sur la touche F2.

dBase vous présentera alors dans l'écran 'Tableau' (BROWSE) ou 'Enregistrement' (EDIT) les champs sélectionnés des enregistrements qui ont traversé avec succès le filtre dont vous avez décrit les conditions.

➢ La sauvegarde d'une vue

Elle pourra être réalisée sous deux formes:

- la sauvegarde des critères de construction de la vue (conditions d'extraction et sélection des champs): elle s'adaptera ainsi à toutes les mises à jour de la base de données;
- la sauvegarde de la base de données générée par la vue, ce qui créera une nouvelle base de données indépendante de la base de données originale et de la vue qui l'a produite.

➢ Comment utiliser une vue ?

Par le centre de contrôle, il suffit d'appuyer sur 'Entrée' après avoir sélectionné son nom dans la colonne 'Extraction'.

En mode commande, on utilisera la commande SET FILTER TO FILE <nom du fichier d'extraction>.

A partir de ce moment, toutes les commandes ultérieures (EDIT, BROWSE, REPORT, ...) tiendront compte uniquement de la vue active et ne considéreront donc que les champs sélectionnés dans les enregistrements filtrés.

➢ Le traitement des données

Le deuxième visage des fichiers d'extraction est tout à fait nouveau: il permet de gérer les données, par l'introduction de commandes.

La recherche des enregistrements répondant à un ensemble de conditions.

La recherche pourra être complexe et porter éventuellement sur plusieurs champs, ce qui est impossible à réaliser par les écrans 'Tableau' (commande BROWSE) et 'Enregistrement' (commande EDIT).

dBase positionnera le pointeur sur le premier enregistrement répondant aux critères de recherche.

Par exemple, on recherche Monsieur Orsimont. L'écran d'extraction se présentera comme suit:

Employes.dbf	NUMERO	↓NOM
FIND		="ORSIMONT"

View

<NOUV>	Employes-> NOM	Employes-> FONCTION

Et comme on n'a sélectionné que deux champs dans la partie inférieure de l'écran, on ne verra que ceux-là dans le résultat de la commande qui sera exécutée en appuyant sur F2:

NOM	FONCTION
ORSIMONT	PRESIDENT
ALLIMONT	VENDEUR
WANDRIN	VENDEUR
MARTIN	VENDEUR
TOURNIER	VENDEUR
JALLES	COMMIS
CARTIER	VENDEUR
ADAM	COMMIS
FORMONT	ANALYSTE

➢ L'exécution de calculs statistiques

Les calculs statisques agissent sur l'ensemble des enregistrements filtrés pour le champ dans lequel ils sont introduits. On pourra ainsi demander:

- la somme des valeurs contenues dans un champ:
  SUM;
- la moyenne des valeurs contenues dans un champ:
  AVG;
- la valeur la plus basse contenue dans un champ:
  MIN;
- la valeur la plus élevée contenue dans un champ:
  MAX;
- Le nombre d'enregistrements de la vue:
  CNT.

Pour savoir, par exemple, combien la base de données compte de commis, on complétera l'écran 'Extraction' comme suit:

```
Employes.dbf |↓FONCTION
             |="COMMIS",CNT
```

```
View
<NOUV>        | Employes->
              | FONCTION
```

➢ Le tri des enregistrements

Contrairement au tri exécuté par la commande SORT qui crée une nouvelle base de données, le tri dans un fichier d'extraction organisera l'ordre des enregistrements filtrés, en tenant compte éventuellement des index existants, sans production d'une nouvelle base de données.

Par exemple, un tri sur le champ NOM sera demandé comme suit:

```
Employes.dbf |↓NOM
             |AscDict1
```

➢ La mise à jour des données

L'équivalent des commandes REPLACE, DELETE et APPEND pourra être exécuté dans les fichiers d'extraction, ce qui se révèle utile quand on utilise dBase par le centre de contrôle, pour effectuer des mises à jour automatiques. Les fichiers d'extraction contenant ces trois commandes sont sauvegardés avec l'extension UPD (update). Et quand ils sont exécutés à partir du centre de contrôle, ils effectuent les commandes qui ont été introduites.

Par exemple, si l'on souhaite augmenter de 5% le salaire de tous les vendeurs, on complétera l'écran comme suit:

```
Destination
Employes.dbf | FONCTION     | SALAIRE
REPLACE      |="VENDEUR"    |WITH SALAIRE * 1.05
```

Il est possible de mémoriser l'ensemble des statuts des fichiers déclarés grâce à la commande CREATE VIEW <nom de fichier .VUE> FROM ENVIRONMENT.

Chaque fois que l'utilisateur souhaitera redéclarer les fichiers avec ces statuts, il lui suffira d'exécuter la commande SET VIEW TO <nom de fichier .VUE>.

La sortie de données

SET DEVICE TO	**DEFINE BOX**
?/??	**SET SPACE ON/off**
???	**PRINTSTATUS()**
CREATE/MODIFY REPORT	**REPORT FORM**
PRINTJOB...ENDPRINTJOB	**ON PAGE**
CREATE/MODIFY LABEL	**LABEL FORM**

❐ Le périphérique de sortie

Par défaut, le périphérique de sortie est toujours l'écran.

La commande SET DEVICE modifie le périphérique par défaut et redirige également les sorties vers l'imprimante ou vers un fichier sur disque:

SET DEVICE TO SCREEN/TO PRINTER/TO FILE <nom de fichier>

De la même manière les commandes qui par défaut affichent leurs résultats sur l'écran pourront les envoyer vers l'imprimante ou vers un fichier en ajoutant le complément TO PRINTER ou TO FILE <nom de fichier>.

❐ La commande ?

Rappel:

La commande ? permet d'afficher ou d'imprimer (SET PRINT ON) une liste d'expressions de manière séquentielle par rapport à la dernière ligne affichée ou imprimée.

La commande ?? s'exécute de manière analogue mais ne force pas le saut à la ligne suivante.

Nouvelle syntaxe:

```
?/??    [<exp1> [PICTURE <expression caractère>]
        [FUNCTION <liste de fonctions>]
        [AT <expression numérique>]
        [STYLE <style>]
        [,<exp2> ...]
```

Les compléments PICTURE et FUNCTION suivent les mêmes règles que les compléments correspondants des commandes @...SAY.

Deux formats de fonctions supplémentaires sont disponibles dans ce cas particulier:

@H<n> permet à un champ de s'étendre horizontalement sur un nombre <n> de colonnes de manière à s'adapter aux données.

@V<n> permet à un champ de s'étendre verticalement sur un nombre <n> de lignes de manière à s'adapter aux données.

Le complément AT permet de positionner le texte imprimé à une colonne donnée. La valeur maximale de

<expression numérique> est de 80 à l'écran et 255 à l'imprimante[4] .

Le complément STYLE permet de choisir le style de caractères en fonction de l'initialisation réalisée lors de l'installation du logiciel. Le style sélectionné peut être représenté par:

- une lettre faisant référence aux valeurs préétablies dans dBase (B - **gras**; I - *italique;* U - souligné; R - exposant; L - indice);
- un chiffre de 1 à 5 faisant référence aux caractères spéciaux choisis par l'utilisateur lors de l'installation ou de la modification du fichier CONFIG.DB.

Il est à noter que ces nouveaux compléments rendent inutiles les impressions au moyen de la commande @...SAY... en mode SET DEVICE TO PRINT. Celle-ci était particulièrement intéressante pour des impressions avec affichage en colonnes. Le complément AT résout avantageusement le problème.

La commande **SET SPACE ON** introduira automatiquement un espace entre les valeurs affichées ou imprimées avec la commande ? ou ??

Exemple:

```
. X=45
. Y=6,8
. SET SPACE OFF
. ? X,Y
456,8
```

---

4 Ces commandes tiennent bien sûr compte des variables d'environnement en cas d'impression au sein d'une structure PRINTJOB...ENDPRINTJOB.

```
. SET SPACE ON
. ? X,Y
45 6,8
```

La commande ??? envoie des codes de contrôle directement à l'imprimante.

❐ Les cadres

L'affichage des cadres est facilement programmé avec la commande @ <ligne>,<colonne> TO <ligne>, <colonne>.

Pour l'impression d'un cadre, dBase IV propose une commande spécifique:

DEFINE BOX FROM <colonne1> TO <colonne2>
HEIGTH <expression numérique>
[AT LINE <ligne de début d'impression>]
[SINGLE/DOUBLE/<chaîne de bordure>]

Le cadre commencera à la ligne mentionnée par le complément AT LINE ou, par défaut, à la ligne courante.

Sa largeur et sa position par rapport aux marges sont définies par la valeur des colonnes 1 et 2. Sa hauteur sera précisée, en nombre de lignes, par le complément HEIGTH.

Pour que cette commande agisse, il faut que la variable système _box contienne la valeur logique VRAI.

❒ Les rapports

Rappel:

En dBase III, l'édition de rapports s'opère en deux étapes: d'abord, la création ou la modification d'un format de rapport et, ensuite, l'utilisation du format pour l'affichage ou l'impression.

➢ La création et la modification du format de rapport

CREATE/MODIFY REPORT <fichier format de rapport>

Cette commande[5] permet d'accéder à un écran de création du format du rapport dans lequel l'utilisateur peut préciser, grâce aux options du menu, les points de rupture à traiter ainsi que le contenu des colonnes à afficher.

Seuls deux points de rupture peuvent être définis et seuls le titre principal, le titre des points de rupture et les en-têtes de colonnes peuvent être librement précisés par l'utilisateur. Toutes les autres modalités d'affichage sont fixes.

➢ L'utilisation du rapport

REPORT FORM <fichier format de rapport>
[PLAIN] [HEADING <expression caractère>]
[NOEJECT] [SUMMARY] [<étendue>]
[FOR <condition>]
[to print/to file <fichier>]

---

5 On peut parler d'une seule commande puisque, si l'utilisateur crée un rapport qui existe déjà, dBase lui permet de modifier le format existant, et s'il souhaite modifier un format qui n'existe pas, dBase lui propose de le modifier.

Cette commande utilise le format de rapport préalablement décrit pour imprimer les données de la base de données et les totaux calculés pour les colonnes désignées.

- PLAIN supprime l'affichage de la date et du numéro de page;
- HEADING affiche un texte au début de chaque page;
- NOEJECT supprime l'éjection initiale de page;
- SUMMARY n'imprime que les totaux et sous-totaux;
- TO PRINTER envoie le rapport à l'imprimante;
- TO FILE mémorise le résultat du rapport sous forme d'un fichier de texte récupérable dans n'importe quel traitement de texte.

Nouveautés:

Les principes et commandes sont identiques à ceux en vigueur dans dBase III. La seule distinction significative réside dans le fait que dBase IV génère un véritable programme (fichier .FRG) sur base des spécifications apportées dans le format du rapport. Ce mode de travail garantit une extrême souplesse en matière de présentation.

Lorsque l'utilisateur entreprend de créer ou de modifier un format de rapport, le logiciel lui propose un éditeur pleine page où il peut saisir le texte souhaité et positionner toutes les informations qu'il lui plaît d'inclure.

La page est divisée en sections, c'est-à-dire en zones horizontales symbolisant chacune une partie du rapport et, donc, de la page imprimée.

De plus, au sein même de cet éditeur, l'utilisateur dispose encore d'un menu accessible via la touche F10 et qui propose, notamment, des options propres aux rapports.

Ces options sont les suivantes:

Présenter

Formats standard génère un format de rapport suivant trois options prédéfinies: en colonnes, en style «masque de saisie» ou sous forme de lettre.

Cadre trace un encadrement en simple ou double ligne.

Ligne permet de tracer une ligne simple ou double. Le processus est identique à celui décrit au paragraphe ci-dessus.

Nouvelle base ou vue sert à activer d'autres bases de données appelées à être utilisées dans le rapport.

Modifier la description permet d'ajouter au rapport une mention explicative qui apparaîtra dans le centre de contrôle.

Sauvegarder mémorise le rapport et permet de poursuivre la séance de travail.

Champs

Ajouter ajoute un champ du fichier, une information calculée sur base d'un ou de plusieurs champs, une donnée prédéfinie (date, heure, numéro d'enregistrement, numéro de page) ou un résultat statistique de synthèse (comptage, écart type, maximum, minimum, moyenne, somme, variance). Pour chaque donnée, l'utilisateur peut préciser un format d'affichage correspondant aux compléments PICTURE et FUNCTION des commandes @, ? et ??.

Effacer supprime un élément du rapport.

Modifier modifie les caractéristiques d'affichage des données.

Champ caché modifie les caractéristiques des champs cachés.

Sections

Ajouter un groupe ajoute les éléments nécessaires à un point de rupture. L'utilisateur doit préciser sur quel champ, quelle expression ou quel nombre d'enregistrements s'effectuera la rupture.

Effacer un groupe supprime les éléments se rapportant à un point de rupture.

Modifier un groupe modifie la valeur d'un point de rupture.

Report de l'introduction demande ou non l'impression de l'en-tête des points de rupture sur chaque nouvelle page si les informations détaillées dépassent une page.

Ouvrir toutes les sections impose l'impression de toutes les sections du rapport.

Commencer sur une nouvelle page force ou non le saut à la page suivante chaque fois que la section sélectionnée sera imprimée.

Ligne suivante automatique provoque le passage automatique à la ligne suivante lors de l'impression du texte ou des données quand la marge de droite est atteinte.

Pas du texte définit l'échappement des caractères à utiliser pour la section sélectionnée.

Qualité courrier force ou non le passage au mode «qualité courrier» pour la section sélectionnée.

Interligne spécifie l'interligne (simple, double ou triple) pour la section sélectionnée.

Titres dans l'introduction du rapport affiche ou non les informations de l'en-tête et du bas de page sur la première page du rapport.

➢ La réalisation d'un rapport

Dans l'exemple qui suit, le but consiste à réaliser un rapport sur le fichier des employés répartis par services. Avant de créer ce rapport, nous devons donc ouvrir la base de données EMPLOYES avec son index sur les numéros de services.

```
. USE EMPLOYES ORDER SERVNO
```

De plus, étant donné que, dans un souci de clarté, nous souhaitons faire afficher le nom du service, nous devons déclarer le fichier SERVICE dans une autre zone et le mettre en relation avec le fichier EMPLOYES.

```
. USE SERVICE ORDER SERVNO IN 2
. SET RELATION TO SERVNO INTO SERVICE
```

Nous pourrions également recourir à un fichier «vue», créé au préalable par la commande CREATE VIEW FROM

ENVIRONMENT et dans lequel nous aurions mémorisé la mise en relation:

```
. SET VIEW TO EMPREL
```

Ceci étant fait, nous sommes alors en mesure de créer le rapport:

```
. CREATE REPORT EMPSERV
```

L'écran A nous montre l'affichage auquel nous accédons après validation de cette commande. dBase IV a créé d'office une série de sections, correspondant aux différentes parties du rapport; détaillons leur contenu:

```
 Présenter   Champs   Sections   Mots   Recherche  Imprimer   Quitter
[.......▼.1.....▼...2...▼.....3.▼........▼.......▼.5.....▼...6...▼.....7.▼.
En-tête de page
Introduction du rapport
Détail
Statistiques du rapport
Bas de page



Rapport ‖C:\dbase\EMPSERV        ‖Sect.1/5          ‖Fich:Employes ‖   Num
```

Ecran A: l'écran de création du rapport.

En-tête de page

Le texte et les données qui apparaîtront au sommet de chaque page du rapport.

Introduction du rapport

Le texte et les données qui apparaîtront en début de rapport.

Détail

Le texte et les données qui seront imprimés pour chaque enregistrement traité dans l'édition du rapport.

Statistiques du rapport

Le texte et les données de synthèse (calculs statistiques) qui seront affichés en fin de rapport.

Bas de page

Le texte et les données qui apparaîtront au bas de chaque page du rapport.

Afin d'éviter la saisie manuelle de toutes les données appelées à figurer dans le rapport, nous faisons appel au menu (F10) dans lequel nous choisissons l'option Présenter - Formats standard - Colonne.

```
 Présenter   Champs   Sections   Mots   Recherche   Imprimer   Quitter
[.......•.1.....•...2...•.....3.•........•.......•.5.....•...6...•.....7.•..
En-tête de page──────────────────────────────────────────────────────────────

Page No. 999
DD/MM/YY

NUMERO  NOM               ENTREE   FONCTION                SALAIRE     COMMIS

Introduction du rapport──────────────────────────────────────────────────────
Détail───────────────────────────────────────────────────────────────────────
999999 XXXXXXXXXXXXXXX DD/MM/YY XXXXXXXXXXXXXXX 99999999.99 99999999.9
Statistiques du rapport──────────────────────────────────────────────────────
999999                                          99999999.99 99999999.9
Bas de page──────────────────────────────────────────────────────────────────


Rapport ║B:\db4fr\EMPSERV        ║Ligne:0 Col:0     ║Fich:Employes ║    Num
```

Ecran B: l'écran de rapport standard 'Colonnes'.

L'écran B, pour sa part, représente les éléments que dBase IV a généré dans les différentes bandes.

Nous pouvons constater que tous les champs du fichier de données figurent dans le rapport sous la forme de colonnes. Or, le rapport que nous voulons établir ne doit comporter que les champs NOM, ENTREE, FONCTION, SALAIRE et COMMISS.

Nous devons donc supprimer l'affichage d'un certain nombre de colonnes et réajuster les colonnes restantes.

D'autre part, nous préférons personnaliser les titres peu explicites proposés par le logiciel.

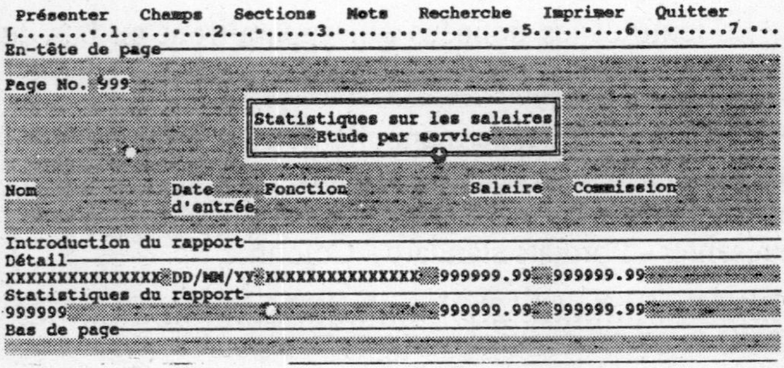

Ecran C.

Dès lors, pour passer de l'écran B à l'écran C, il nous faut déplacer, supprimer des éléments, créer des cadres. Voyez plus haut la partie consacrée à la création de l'écran de saisie: les procédures sont identiques.

Afin d'obtenir la somme du salaire et de la commission dans une colonne supplémentaire, nous sommes contraints d'ajouter un champ de type statistique.

Nous devons commencer par appeler le menu, valider ensuite l'option Champs et finalement choisir la sous-option Ajouter à laquelle nous pouvons d'ailleurs accéder plus directement grâce à la touche F5.

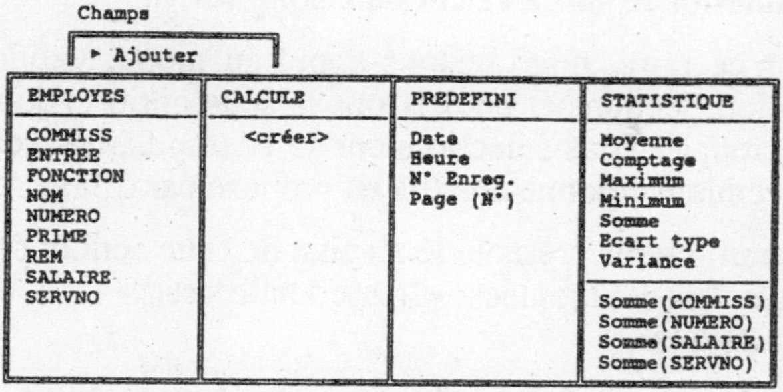

Ecran D: ajout d'un champ dans l'écran de création de rapport.

dBase nous propose alors l'écran D. La première colonne présente les champs du fichier courant; la deuxième offre la possibilité de créer des champs calculés; la troisième regroupe une série de fonctions prédéfinies tandis que la quatrième répertorie les fonctions statistiques de synthèse.

C'est dans cette dernière colonne que sont définis les totaux des champs SALAIRE et COMMISS figurant dans la section «Statistiques du rapport».

Choisissons donc la deuxième colonne et créons-y un champ calculé. Le logiciel nous ouvre alors une fenêtre où nous pouvons nommer le champ «SALCOM», définir son expression de calcul comme étant la somme des champs SALAIRE et COMMISS et préciser ses modalités d'affichage.

Suivant notre souhait de réaliser un regroupement par services, il nous faut maintenant définir un point de rupture fondé sur la valeur du champ SERVNO.

Pour ce faire, nous faisons appel au menu, validons l'option Sections et choisissons la sous-option Ajouter un groupe. Nous sélectionnons le champ SERVNO dans la première colonne du tableau proposé par dBase.

L'écran E nous présente le résultat de cette action: deux bandes ont été ajoutées: «Groupe 1 Introduction» et «Groupe 1 Statistiques».

```
 Présenter   Champs   Sections   Mots   Recherche   Imprimer   Quitter
[.......•.1.....•...2...•.....3.•........•........•.5.....•...6...•.....7.•..
En-tête de page────────────────────────────────────────────────────────────────

Page No. 999
                      ╔══════════════════════════╗
                      ║Statistiques sur les salaires║
                      ║      Etude par service      ║
                      ╚══════════════════════════╝

Nom              Date     Fonction                Salaire  Commission    Salaire
                 d'entrée                                                      +
                                                                      Commission
Introduction du rapport──────────────────────────────────────────────────────────
Groupe  1  Introduction──────────────────────────────────────────────────────────

Détail───────────────────────────────────────────────────────────────────────────
XXXXXXXXXXXXXXX DD/MM/YY XXXXXXXXXXXXXXX   999999.99  999999.99  9999999.9
Groupe  1  Statistiques──────────────────────────────────────────────────────────

Statistiques du rapport──────────────────────────────────────────────────────────
999999                                         99999999.99  99999999.
```

Ecran E: ajout d'une rupture de groupe dans un rapport.

La première est destinée à accueillir le titre de chaque point de rupture et la seconde, les fonctions statistiques de synthèse qui leur sont associées.

Nous nous proposons finalement de compléter ces deux dernières bandes; dans ce but, nous réalisons les étapes décrites ci-après.

La première: se positionner dans le «Groupe 1 Statistiques» et ajouter les champs statistiques de synthèse SOMME(SALAIRE), SOMME(COMMISS) et SOMME(SALCOM).

La seconde: se positionner dans le «Groupe 1 Introduction»; insérer le texte «Département n°»; ajouter le champ SERVNO du fichier EMPLOYES ainsi que le champ SERVNOM du fichier SERVICE.

Le résultat final est présenté à l'écran suivant.

```
 Présenter   Champs   Sections   Mots   Recherche   Imprimer   Quitter
[.......•.1.....•...2...•.....3.•.......•.......•.5.....•...6...•.....7.•..
En-tête de page─────────────────────────────────────────────────────────────

Page No. 999
                         ┌──────────────────────────────┐
                         │Statistiques sur les salaires │
                         │       Etude par service      │
                         └──────────────────────────────┘

Nom             Date     Fonction             Salaire  Commission    Salair
                d'entrée
                                                                  Commissio
Introduction du rapport─────────────────────────────────────────────────────
Groupe  1  Introduction─────────────────────────────────────────────────────
Département n° 99 - XXXXXXXXXXXXXXXXXXXXXXXX
Détail──────────────────────────────────────────────────────────────────────
XXXXXXXXXXXXXXX DD/MM/YY XXXXXXXXXXXXXXX  999999.99 999999.99 9999999.99
Groupe  1  Statistiques─────────────────────────────────────────────────────
Total par service                         999999.99 999999.99 9999999.99
Statistiques du rapport─────────────────────────────────────────────────────
Total général                             999999.99 999999.99 9999999.99
```

Le format du rapport: résultat final.

Nous sommes maintenant en mesure d'exécuter le rapport; dans ce but, nous entrons la commande:

```
.REPORT FORM EMPSERV TO PRINT
```

L'imprimante produira alors la page suivante:

Page No. 1

Statistiques sur les salaires

Etude par service

Nom	Date D'entrée	Fonction	Salaire	Commission	Salaire + Commission
Département n° 10 - ADMINISTRATION					
DUPONT	01/05/87	COMMIS	5767,00	0,00	5767,00
MARLIER	15/10/72	MANAGER	10700,00	0,00	10700,00
SIMON	10/10/84	COMMIS	5600,00	0,00	5600,00
JACQUES	01/11/82	COMMIS	6225,00	0,00	6225,00
ORSIMONT	01/01/72	PRESIDENT	27500,00	0,00	27500,00
FORMONT	08/01/79	ANALYSTE	14500,00	0,00	14500,00
Total par service			70292,00	0,00	70292,00
Département n° 20 - ANALYSE					
JONNET	01/01/75	MANAGER	10300,00	0,00	10300,00
SAVAGE	12/03/82	ANALYSTE	9000,00	0,00	9000,00
WAUTIER	01/09/81	ANALYSTE	9600,00	0,00	9600,00
ADAM	15/05/86	COMMIS	5767,00	0,00	5767,00
Total par service			34667,00	0,00	34667,00
Département n° 30 - VENTES					
BLANDIN	15/02/77	MANAGER	9800,00	0,00	9800,00
ALLIMONT	05/05/85	VENDEUR	5525,00	1100,00	6625,00
WANDRIN	01/10/84	VENDEUR	5580,00	1050,00	6630,00
MARTIN	01/05/85	VENDEUR	5525,00	700,00	6225,00
TOURNIER	15/10/83	VENDEUR	6150,00	1000,00	7150,00
JALLES	01/05/87	COMMIS	5525,00	0,00	5525,00
CARTIER	01/02/84	VENDEUR	5700,00	1600,00	7300,00
Total par service			43805,00	5450,00	49255,00
Total général			148764,00	5450,00	154214,00

❒ Les étiquettes

Rappel:

Les étiquettes sont en fait des rapports simplifiés, dont il faut préciser la taille exacte et pour lesquelles il est nécessaire de définir les emplacements sur la feuille où elles sont collées.

➢ La création et la modification du format d'étiquette

CREATE/MODIFY LABEL
<fichier format d'étiquette>

Cette commande donne accès à un écran où, par les menus, on définit la taille et le contenu d'une étiquette.

➢ L'utilisation de l'étiquette

LABEL FORM <fichier format d'étiquette>
[SAMPLE] [<étendue>]

[FOR/WHILE <condition>]
[WHILE <condition>]
[TO PRINT / TO FILE <fichier>]

Cette commande imprime les données de la base de données au format défini.

SAMPLE complète la première rangée d'étiquettes au moyen d'une série de X, ce qui vous permet de contrôler et de rectifier la position du papier dans l'imprimante.

Nouveautés:

Ce sont les mêmes commandes dBase III qui servent à créer ou modifier un format d'étiquette ainsi qu'à imprimer les étiquettes.

L'écran de création du format d'étiquette est très semblable à celui qui est proposé pour créer les rapports.

Un menu supplémentaire 'Taille' permet de définir la taille d'une étiquette et la manière dont elles se présentent sur la feuille.

La surface disponible pour disposer les champs et les textes dépend de la taille choisie au préalable. Par exemple. L'écran suivant montre l'écran de création d'une étiquette d'une largeur de 40 caractères et d'une hauteur de 6 lignes.

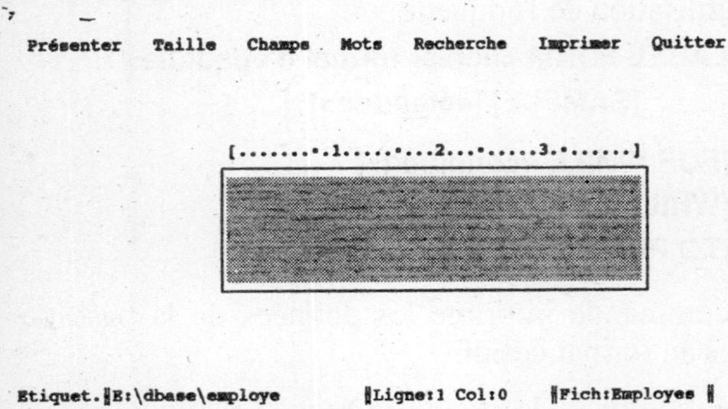

L'écran de création d'un format d'étiquette.

Note:

Pour gérer l'impression des rapports et des étiquettes, dBase IV génère automatiquement des programmes faisant abondamment usage des tâches d'impression ainsi que des variables système (voir plus loin).

❒ Les variables système

dBase IV utilise une série de variables système prédéfinies pour contrôler les paramètres de l'imprimante et l'apparence de la page imprimée. Tous les noms des variables système commencent par un trait de soulignement (_).

Comme il le ferait pour d'autres variables, l'utilisateur peut en modifier la valeur:

- par les menus;
- en mode interactif;
- dans un programme.

Note: dans la liste ci-dessous, la valeur attribuée par défaut aux différentes variables est en lettres majuscules.

_alignment = "LEFT"/"center"/"right"

Spécifie l'alignement des textes produits par les commandes ? et ?? en accord avec les marges lorsque la variable _wrap est vraie (.T.)[6]; dBase IV propose les trois options classiques: alignement à gauche, alignement à droite et centrage.

_box = <condition> (.T./.f.)

Imprime ou non un cadre défini par la commande DEFINE BOX.

---

6 Souvent, deux ou plusieurs variables d'environnement sont associées. Il faudra donc veiller à leurs valeurs respectives pour obtenir le résultat voulu.

_indent = <expression numérique> (limites = 0 à 254)

Spécifie l'indentation de la première ligne de chaque paragraphe imprimé par la commande ? lorsque la variable _wrap est vraie (.T.). L'indentation maximale doit être inférieure à la valeur de la variable _rmargin (marge de droite). L'indentation se mesure à partir de la marge de gauche, fixée par la variable _lmargin. Par défaut, _indent = 0.

_lmargin = <expression numérique> (limites = 0 à 254)

Définit la marge de gauche des pages imprimées par la commande ? lorsque la variable _wrap est vraie (.T.).

Cette valeur s'ajoute à la variable _ploffset. La valeur de _lmargin doit être inférieure à celle de _rmargin.

Par défaut, _lmargin = 0.

_padvance = "FORMFEED"/"linefeeds"

L'imprimante passe à la page suivante par saut de page (formfeed) ou par comptage de lignes (linefeed).

_pageno = <expression numérique> (limites = 1 à 32767)

Attribue le numéro spécifié à la première page imprimée.

Par défaut, _pageno = 1.

_pbpage = <expression numérique> (limites = 1 à 32767)

Démarre le tâche d'impression à la page spécifiée. La valeur de _pbpage peut être inférieure ou égale à celle de _pepage.

Par défaut, _pbpage = 1.

_pcolno = <expression numérique> (limites = 0 à 255)

Définit la position de la colonne d'impression pour la ligne courante.

Par défaut, _pcolno = 0.

_pcopies = <expression numérique> (range = 1 à 32767)

Spécifie le nombre de copies à imprimer.

Par défaut, _pcopies = 1.

_pdriver = "<nom de fichier pilote .PR2>"

Active le fichier de gestion d'imprimante demandé (pilote) ou renvoie le nom du pilote actif. Si aucun pilote n'est précisé dans le fichier CONFIG.DB, c'est le pilote GENERIC.PR2 qui est activé par défaut.

_pecode = <expression caractère> (jusqu'à 255 caractères)

Indique les codes de contrôle à émettre à la fin d'une tâche d'impression (ENDPRINTJOB). Pour envoyer un code caractère, l'utilisateur peut soit indiquer sa valeur symbolique, soit sa valeur ASCII, l'une et l'autre entre accolades { }.

Liste des caractères de contrôle	
"{0}" à "{255}"	Valeurs ASCII
"{ESC}" ou "{27}"	Caractère ESC
"{BACKSPACE}" ou "{8}"	Caractère BACKSPACE (espace arrière)
"{BELL}" ou "{7}"	Signal sonore
"{TAB}" ou "{9}"	Caractère TAB
"{NULL}" ou "{0}"	Caractère nul ou ASCII zéro
"{RETURN}" ou "{13}"	Caractère RETURN
"{DEL}" ou "{127}"	Caractère de suppression
"{Ctrl-A}" à "{Ctrl-Z}"	Touche CONTROLE + lettre

_peject = **"BEFORE"/"after"/"both"/"none"**

Provoque un saut de page avant et/ou après une tâche d'impression. BEFORE est la valeur par défaut pour assurer la compatibilité avec dBase III.

_pepage = **<expression numérique>**
(tout nombre entier jusqu'à 32767)

Arrête la tâche d'impression lorsque la page précisée est imprimée, même si toutes les pages n'ont pas encore été imprimées.

Par défaut, _pepage = 32767.

_pform = **" "/"<fichier de format d'impression>"**

Active un fichier de format d'impression (extension PRF) ou affiche le format courant. Un tel fichier contient la valeur des variables système.

Par défaut, aucun format d'impression n'est activé.

_plength = **<expression numérique> (limites = 1 à 32767)**

Spécifie la longueur de la page imprimée en nombre de lignes.

Par défaut, _plength = 66.

_plineno = **<expression numérique>**
(0 à toute valeur inférieure à _plength)

Ajuste le numéro de la ligne d'impression en cours sur la page ou renvoie le numéro de la ligne courante.

_ploffset = **<expression numérique> (limites = 0 à 254)**

Fixe la valeur du décalage à gauche de la tête d'impression. L'indentation et la marge gauche sont calculées à partir de la valeur du décalage. Cette variable produit un effet identique à celui de la commande SET MARGIN.

Par défaut, _ploffset = 0.

_ppitch = **"pica"/"elite"/"condensed"/"DEFAULT"**

Fixe le pas d'avancement de l'imprimante (c'est-à-dire la densité d'impression) ou renvoie le pas actuel.

_pquality = **<condition> (.F./.t.)**

Choisit entre les modes «qualité courrier» ou «listing». Par défaut, cette variable est fausse (.F.) c'est-à-dire mode «listing», quel que soit l'état de l'imprimante.

_pscode = **<expression caractère> (jusqu'à 255 caractères)**

Indique les codes de contrôle à émettre au démarrage d'une tâche d'impression (voir _pecode ci-dessus).

_pspacing = **1/2/3**

Contrôle l'interligne, 1 étant la valeur par défaut.

_pwait = **<condition> (.F./.t.)**

Gère l'impression feuille-à-feuille manuelle en ménageant une pause après éjection de chaque page de manière à permettre à l'utilisateur d'intervenir.

_rmargin = **<expression numérique> (limites = 1 à 255)**

Définit la marge de droite pour les impressions réalisées au moyen des commandes ? et ?? lorsque la variable _wrap est vraie (.T.). La marge est calculée à partir du bord gauche de la feuille.

Par défaut, _rmargin = 80.

_tabs = <expression caractère>
(liste des valeurs ascendantes de tabulations)

Fixe un ou plusieurs taquets de tabulation pour les affichages et l'impression programmés par les commandes ? et ??.

_wrap = <condition> (.F./.t.)

Gère ou non le passage automatique à la ligne.

❒ Les tâches d'impression

La notion de tâche d'impression est comparable à celle des structures en programmation: la commande PRINTJOB marque le début de la boucle tandis que ENDPRINTJOB, placé à la suite des commandes qui sont exécutées pendant la tâche d'impression, en marque la fin.

```
PRINTJOB
        <commandes>
ENDPRINTJOB
```

PRINTJOB demande à dBase IV :

- d'envoyer les codes de contrôle contenus dans _pscode;
- de faire un saut de page si _peject vaut "BEFORE" ou "BOTH";
- d'initialiser _pcolno à 0.

ENDPRINTJOB demande à dBase IV:

- d'envoyer les codes de contrôle contenus dans _pecode;

- de faire un saut de page si _peject vaut "AFTER" ou "BOTH";
- de recommencer la tâche autant de fois que le spécifie la variable _pcopies.

Au sein d'une telle tâche, l'utilisateur peut inclure des commandes particulières en fonction de la dernière ligne imprimée:

ON PAGE [AT LINE <expression numérique> <command>]

ON PAGE est le «page handler» qui permet, par exemple, de faire exécuter des procédures particulières pour les en-tête et les pieds de pages. Sans argument, le «page handler» est désactivé.

Pour calculer correctement <expression numérique>, il faut tenir compte des marges d'en-tête et de pied de page, suivant la formule :

<expression numérique> =
longueur de page - marge d'en-tête - marge de pied de page

La fonction **PRINTSTATUS()** renvoie la valeur logique VRAI si l'imprimante est branchée et prête à recevoir les données à imprimer et la valeur logique FAUX si elle n'est pas prête.

Exemple:

Programme utilisant une tâche d'impression:

```
* Programme :     IMPRESS.PRG
*      Utilisation des tâches d'impression
*
set talk off
use depart order deptno in 2
use employes order unom
set relation to deptno into depart
*
* Ejection de page avant et après le job
_peject  = "BOTH"
* Longueur de page = 72 lignes
_plength = 72
_pageno=1
*
set print on
* Initialisation de l'imprimante
printjob
* Prise en charge des fins de pages
on page at line 60 do FIN_PAGE
* Impression de l'en-tête de la 1e page
do EN_TETE
scan
   ?
   ? "Nom ........... : ",nom style "B"
   ? "Date d'entrée . : ",entree style "B"
   ? "Fonction ...... : ",fonction style "B"
   ? "Salaire ....... : ",salaire style "B"
   ? "Commission .... : ",commiss style "B"
   ? "Prime ......... : ",iif(prime,"Oui","Non")
     style "B"
   ? "Département ... : ",depart->nomdept style "B"
   ?
endscan
```

```
? replicate("-",80)
endprintjob
set print off
set talk on
return
*
procedure EN_TETE
? date() at 1,"Page " at 67,_pageno at 72 picture
"99"
? replicate("-",80)
?
return
*
procedure FIN_PAGE
? replicate("-",80)
eject page
do EN_TETE
return
```

La sécurité des bases de données

SET AUTOSAVE on/OFF	**ROLLBACK**
BEGIN TRANSACTION	**ROLLBACK()**
END TRANSACTION	**COMPLETED()**
	ISMARKED()

❒ La sauvegarde

Chaque fois que l'utilisateur modifie ou ajoute des données, dBase ne procède pas automatiquement à une écriture sur disque, bien que l'opération soit considérée comme logiquement accomplie.

A l'image de tous les gestionnaires de fichiers, dBase utilise des mémoires-tampons (buffers) qui servent d'intermédiaires entre les disques et la mémoire centrale de travail. Ces buffers sont destinés à accélérer les traitements en limitant les accès aux disques. Leur taille dépend du paramètre BUFFER=nn du fichier CONFIG.SYS.

Afin de mettre constamment en correspondance les aspects logique et physique de l'écriture des données, dBase IV met le paramètre **SET AUTOSAVE ON** à la disposition de l'utilisateur.

❒ Les transactions

Pour garantir encore davantage la sécurité des données, il est parfois utile de retarder l'écriture effective des modifications dans un fichier tout en conservant la possibilité de les annuler.

Les systèmes de gestion de bases de données ont mis au point le principe des transactions, un principe que la version IV de dBase a également adopté.

Dès que la transaction est initialisée par la commande BEGIN TRANSACTION [<répertoire>], un fichier TRANSLOG.LOG est créé dans le répertoire courant ou dans celui précisé. Toutes les modifications réalisées sont écrites dans ce fichier et non dans la base de données.

La fonction **ISMARKED()** fournit la valeur logique VRAI lorsqu'une transcation est en cours.

Tant que l'utilisateur ne met pas un terme à la transaction par la commande END TRANSACTION ou par toute autre commande de fermeture des fichiers, il peut toujours annuler toutes les modifications et rétablir la base de données dans son état primitif au moyen de la commande ROLLBACK.

END TRANSACTION a deux effets: écrire les modifications dans la base de données et supprimer le fichier TRANSLOG.LOG. La commande ROLLBACK n'est pas absolue et, parfois, malgré la transaction, dBase est incapable d'annuler les modifications.

La fonction **ROLLBACK()** renvoie la valeur logique FAUX lorsqu'une commande rollback n'a pas été exécutée avec succès.

Tandis que la fonction **COMPLETED()** renvoie la valeur logique FAUX dans le cas où ni l'instruction END TRANSACTION, ni l'instruction ROLLBACK n'ont été exécutées.

Le traitement des données 'caractères' et 'dates'

DIFFERENCE()	**SET DATE**
LIKE()	**DMY()**
SOUNDEX()	**DTOS()**
SET MARK TO	**MDY()**

❒ Les chaînes de caractères

Deux fonctions comparent des chaînes de caractères.

La fonction **LIKE(<chaîne 1>,<chaîne 2>)** compare les deux chaînes caractère par caractère et renvoie la valeur logique VRAI dans le cas où elles sont semblables. La première chaîne peut même renfermer les caractères génériques * et ?.

La fonction **DIFFERENCE(<chaîne 1>,<chaîne 2>)** compare les chaînes au point de vue phonétique et renvoie une valeur de 0 à 4 selon leur degré de ressemblance.

Les chaînes de caractères sont en fait converties en codes phonétiques sur lesquels porte la comparaison.

Ce code phonétique peut être affiché grâce à la fonction **SOUNDEX(<chaîne de caractères>).**

Exemples:

```
. ? LIKE("DBASE*","DBASE IV")
.T.
. ? LIKE ("DBASE ??","DBASE IV")
.T.
. ? DIFFERENCE("DBASE","DBASE IV")
4
. ? SOUNDEX("DBASE")
D180
```

❒ Les dates

Le stockage direct d'une date n'exige plus le passage par la fonction CTOD(). En effet, il suffit d'utiliser les accolades { } qui identifient les valeurs de type date. Ainsi, par exemple, {07/05/89} est équivalent à CTOD("07/05/89").

Par défaut, le séparateur des éléments de la date est '/'. Ce caractère sera remplacé par un autre au choix de l'utilisateur avec la commande **SET MARK TO <caractère>.**

Cinq nouveaux formats de date peuvent être définis avec la commande **SET DATE TO:**

SET DATE TO	MDY	03/24/91
	DMY	24/03/91
	YMD	91/03/24
	JAPAN	91/03/24
	USA	04-23-91

Trois nouvelles fonctions permettent la conversion des dates:

- conversion d'une date en une chaîne de caractères au format mois jj aa: **MDY()**;
- conversion d'une date en une chaîne de caractères au format jj mois aa: **DMY()**;
- conversion d'une date en une chaîne de caractères au format aaaammjj: **DTOS()**.

La fonction DTOS() se révèle très intéressante pour l'indexation complexe dans laquelle un champ de type date intervient.

Exemples:

```
. ? DATE()
23/4/91

. ? MDY(DATE())
AVRIL 23, 1991

? DMY(DATE())
23 AVRIL 1991

? DTOS(DATE())
19910423
```

Le calcul

SET PRECISION TO	**TAN()**
SET SEPARATOR TO	**RTOD()**
SET POINT TO	**DTOR()**
SET CURRENCY	**SIGN()**
SET CURRENCY TO	**PI()**
CALCULATE	**CEILING()**
FIXED()	**FLOOR()**
FLOAT()	**MOD()**
ACOS()	**LOG10()**
ASIN()	**RAND()**
ATAN()	**FV()**
ATN2()	**PAYMENT()**
COS()	**PV()**
SIN()	

❒ La précision numérique

La précision dans le résultat des calculs dépend du type de données sur lesquels ils sont effectués.

Sur des données de type 'flottant', la précision est de 15,9 chiffres.

Sur des données de type numérique, le précision est fixée à 16 chiffres par défaut mais peut être modifiée par la commande **SET PRECISION TO** suivie d'une valeur située entre 10 et 20.

Le type des résultats d'expressions numériques dépend des fonctions utilisées et du type de données en entrée. Les fonctions EXP(), LOG(), LOG10(), SQRT() ainsi que les fonctions trigonométriques renvoient toujours un nombre de type flottant; les autres renvoient un nombre de type numérique à moins qu'une valeur en entrée n'ait été de type flottant.

Les conversions d'un type de données à l'autre sont prises en charge par deux fonctions:

- **FLOAT()**: de type numérique en type 'flottant';
- **FIXED()**: de type 'flottant' en type numérique.

❐ La présentation des nombres

Les caractères pour le séparateur décimal et le séparateur des milliers sont laissés au choix de l'utilisateur:

- **SET SEPARATOR TO <caractère>** détermine le séparateur des milliers.
- **SET POINT TO <caractère>** définit le séparateur décimal.

Les commandes ? et @... SAY acceptent le complément **FUNCTION $** qui complétera le nombre affiché d'un symbole monétaire. Par défaut ce symbole est 'F'.

- **SET CURRENCY TO <chaîne de caractères>** modifie ce symbole.
- **SET CURRENCY LEFT/RIGHT** le positionne devant ou derrière le nombre affiché.

❒ La commande CALCULATE

CALCULATE est une commande de traitement séquentiel d'un fichier qui permet de calculer des fonctions financières et statistiques et d'en stocker les résultats dans des variables simples ou indicées.

CALCULATE [<étendue>] <liste de fonctions à calculer>
[FOR <condition>] [WHILE <condition>]
[TO <liste de variables>]
[TO ARRAY <nom de variable indicée>]

Remarque:

Il ne faut pas confondre ces fonctions avec les **commandes** statistiques AVERAGE, COUNT et SUM, déjà présentes dans dBase II. Pour obtenir les différents résultats souhaités, ces dernières devaient être exécutées successivement, réalisant chacune une lecture complète de l'étendue demandée.

En ce qui concerne les fonctions MAX(expression numérique1/expression date1, expression numérique2 / expression date2) et M I N (expression numérique1 / expression date1, expression numérique2 / expression date2) qui, elles aussi, étaient déjà présentes dans les versions antérieures du logiciel, elles ne jouent pas non plus le même rôle que les nouvelles fonctions MAX et MIN.

En effet, les premières permettaient en tout et pour tout de choisir entre deux valeurs numériques ou de type date; les nouvelles, en revanche, travaillent par rapport aux enregistrements désignés par l'étendue.

CNT()

Compte (count) les enregistrements.

MAX(<expression numérique>)

Calcule le maximum d'une expression numérique.

MIN(<expression numérique>)

Calcule le minimum d'une expression numérique.

STD(<expression numérique>)

Calcule l'écart-type (standard deviation) d'une expression numérique, suivant la formule ci-dessous:

STD = \R(\F(Σ(<expression numérique> - moyenne)^2);nombre))

ou

$STD = \sqrt{VAR}$

VAR(<expression numérique>)

Calcule la variance d'une expression numérique, suivant la formule:

VAR = (Σ(<expression numérique> - moyenne)^2;nombre)

NPV(<taux>,<cash flows>,[<initial>])

Calcule la valeur nette actuelle (net present value) d'une série de cash flows contenus dans un champ d'un fichier. Ces cash flows seront des nombres positifs ou négatifs.

<initial> représente l'investissement initial et sera normalement une expression numérique négative. Si cet argument n'est pas précisé, la série commence à la période actuelle.

❒ Les fonctions trigonométriques et mathématiques

dBase IV reconnaît les fonctions trigonométriques suivantes:

SIN()	COS()	TAN()	ATN2()
ASIN()	ACOS()	ATAN()	

Ces fonctions fournissent leurs résultats en radians et les conversions seront réalisées avec les fonctions:

- DTOR(): de degrés en radians;
- RTOD(): de radians en degrés.

Le traitement mathématique des données s'est enrichi de quelques fonctions:

- la valeur de π: **PI()**;
- le signe: **SIGN(<expression numérique>)** qui renvoie la valeur +1 si le nombre est positif et -1 s'il est négatif;
- le logarithme en base 10:
  LOG10(<expression numérique>);
- le plus petit entier supérieur ou égal:
  CEILING(<expression numérique>);
- le plus grand entier inférieur ou égal:
  FLOOR(<expression numérique>);
- le reste d'une division:
  MOD(<dividende>,<diviseur>);
- une valeur aléatoire comprise entre 0 et 0,99999:
  RAND().

❐ Les fonctions financières

Trois fonctions financières sont disponibles:

FV(<versement>,<taux d'intérêt>,<nombre de périodes>)

renvoie la valeur future de versements effectués au taux d'intérêt indiqué pendant une certaine période.

PV(<paiement>,<taux d'intérêt>,<nombre de périodes>)

renvoie la valeur actuelle d'une série de versements effectués pendant la période et au taux d'intérêt indiqués.

PAYMENT(<capital>,<taux d'intérêt>,<nombre de périodes>)

renvoie les annuités nécessaires à l'amortissement d'un prêt effectué au taux d'intérêt et pour le nombre de périodes indiqués.

La programmation

@ ... FILL TO	PUBLIC ARRAY
@ ... SAY...GET	COPY TO ARRAY
DECLARE	APPEND FROM ARRAY
REPLACE FROM ARRAY (dBIV 1.1)	
SCAN...ENDSCAN	FUNCTION
LASTKEY()	DEBUG
KEYBOARD(dBIV 1.1)	SET TRAP on/OFF
ON READERROR	CREATE APPLICATION
CERROR() (dBIV 1.1)	MODIFY APPLICATION
PROGRAM()	

❒ L'édition des programmes

Un tout nouvel éditeur de programme est proposé par dBase IV.

Il bénéficie de menus déroulants et permet notamment:

- la recherche et le remplacement automatique;
- l'indentation automatique des lignes;
- l'importation du contenu d'un fichier externe;
- l'affichage des numéros de lignes.

❒ La couleur

Une nouvelle commande colore des portions entières de l'écran:

```
@ <ligne1>,<colonne1> FILL TO <ligne2>, <colonne2>
    [COLOR <attribut de couleur>]
```

La zone à colorer est délimitée par les coordonnées du point supérieur gauche (ligne 1 et colonne 1) et celles du point inférieur droit (ligne 2 et colonne 2).

La couleur est à déterminer selon un code où, par exemple, le jaune est symbolisé par GR+, le brun par GR, etc.

❐ @ SAY et GET

Rappel:

La commande @ <ligne>,<colonne>, sans autre option, efface la ligne précisée à partir de la colonne spécifiée.

La commande @ <ligne>,<colonne> SAY <expression> affiche l'expression aux coordonnées voulues.

La commande @ <ligne>,<colonne> GET <champ/ variable> affiche, en vue de modification, le contenu d'un champ ou d'une variable préalablement définie. La commande READ positionnera le curseur dans la première zone initialisée. L'utilisateur peut encore créer un fichier format d'écran (.FMT) qui contient des commandes @. Ce format pourra être utilisé par les commandes APPEND, CHANGE, EDIT, INSERT et READ si la commande SET FORMAT TO <nom de fichier .FMT> est exécutée.

Les coordonnées <ligne> et <colonne> sont des expressions numériques. <ligne> peut prendre des valeurs de 0 jusqu'à la hauteur de l'écran (normalement 25 lignes => valeur 24); <colonne> peut varier de 0 à 79.

Si le paramètre SET STATUS est ON, la ligne 22 est réservée à la barre de statut. Si le paramètre SET STATUS est

OFF et SET SCORE-BOARD est ON, la ligne 0 est utilisée pour afficher certaines informations.

En mode SET DEVICE TO PRINT, tout l'output des commandes @...SAY est envoyé à l'imprimante; <ligne> peut alors prendre des valeurs de 0 à 32767 et <colonne>, de 0 à 255.

Nouvelle syntaxe:

```
@@ <ligne>,<colonne> SAY <expression>
        [PICTURE <expression caractère>]
        [FUNCTION <liste de fonctions>]
        GET <champ/variable>
        [[OPEN] WINDOW <fenêtre]
        [PICTURE <expression caractère>]
        [FUNCTION <liste de fonctions>]
        [RANGE [REQUIRED] [<min>][,<max>]]
        [VALID [REQUIRED] <condition>
        [ERROR <expression caractère>]]
        [WHEN <condition>]
        [DEFAULT <expression>]
        [MESSAGE <expression caractère>]
        [COLOR [<standard>][,<rehaussé>]] ]
```

Remarque

En dBase IV, les coordonnées de lignes et de colonnes font toujours référence (point 0,0) à l'angle supérieur gauche de la fenêtre active.

➢ Options [7]

DEFAULT place une valeur prédéterminée dans la zone de saisie lorsqu'un nouvel enregistrement est créé. La valeur est introduite dans la zone lors de l'appui sur la touche 'Entrée'.

FUNCTION est identique à PICTURE lorsque le masque contenu dans <expression caractère> est une fonction. Le symbole @ n'est plus requis.

MESSAGE affiche un message sur la dernière ligne de l'écran lorsque le curseur est positionné dans la zone de saisie.

PICTURE limite le type de données susceptibles d'être introduites dans un champ ou dans une variable; de plus, il assure le formatage des données à l'affichage. En ce qui concerne le masque, il peut s'agir soit d'une fonction qui est précédée du symbole @ et affecte l'ensemble des données saisies ou affichées, soit d'un détail caractère par caractère (voir ci-après les caractères autorisés dans les fonctions et dans les masques).

RANGE précise les limites inférieure et supérieure de valeurs numériques ou de type date saisies par un GET. Ces limites sont incluses et doivent de plus être du même type que les données saisies. Si l'utilisateur souhaite n'en préciser qu'une, il lui suffit de spécifier une seule expression, précédée d'une virgule s'il s'agit d'un maximum. Si une donnée encodée sort des limites précisées, un message apparaît et seul

---

7 Pour la plupart, ces options offriront énormément de facilités au programmeur. Les plus importantes d'entre elles sont étudiées dans les exemples qui suivent ce chapitre.

l'appui sur la barre d'espacement permet de sortir de l'erreur et de la corriger.

VALID énonce une condition de validité de saisie. Si la condition n'est pas remplie, dBase IV affiche le message «Condition de mise à jour non satisfaite» ou celui précisé par l'option ERROR; comme dans le cas précédent, seul l'appui sur la barre d'espacement permet de sortir de l'erreur et de la corriger.

REQUIRED, complément qui peut s'ajouter aux deux précédents, provoque une vérification de validité automatique des valeurs même si on ne s'arrête pas dans la zone de saisie. Sans elle, la vérification n'est faite qu'en cas de modification ou d'ajout de données.

WHEN énonce une condition qui est évaluée lorsque le curseur se déplace vers une zone de saisie. Si la condition est vraie (.T.), il est autorisé à se positionner dans cette zone.
Si la condition est fausse (.F.), il est contraint de passer directement à la zone suivante.

WINDOW sert à éditer les champs de type mémo dans une fenêtre préalablement définie. Sans cette option, dBase édite les champs de type mémo en utilisant tout l'écran.
Pour ouvrir la fenêtre, l'utilisateur doit positionner le curseur sur le champ mémo et activer les touches CTRL-HOME; CTRL-END enregistre les modifications et ferme la fenêtre.
Si le mot OPEN est précisé, la fenêtre est ouverte d'office; les combinaisons de touches CTRL-HOME et CTRL-END servent alors à entrer et à sortir de la fenêtre.

➢ Formats de fonctions [8]

FONCTION	DESCRIPTION
!	Accepte tous les caractères et convertit les lettres en majuscules.
^	*Affiche les nombres en notation scientifique.*
$	*Affiche les nombres en format monétaire.*
(	Place les nombres négatifs entre parenthèses.
A	N'accepte que des caractères alphabétiques.
B	Aligne à gauche dans un champ.
C	Affiche CR (crédit) après un nombre positif.
D	Utilise le format fixé par SET DATE pour l'affichage des dates.
E	Utilise le format européen pour l'affichage des dates.
I	*Centre le texte au sein d'un champ.*
J	*Aligne le texte à droite dans un champ.*
L	*Affiche les zéros non significatifs au début d'un nombre.*
M	*Autorise une liste de choix pour la saisie d'une variable par la commande GET.*
R	Affiche des caractères littéraux dans le masque mais ne les introduit pas dans le champ.
S<n>	Limite la largeur d'affichage d'un champ à <n> caractères et y fait défiler horizontalement le texte sur ces <n> colonnes. <n> doit être un nombre entier positif.
T	*Supprime les espaces en début et en fin de champ.*
X	Affiche DB (débit) après un nombre négatif.
Z	Affiche un nombre nul comme une chaîne d'espaces.

8 Seules les mentions en italique sont nouvelles en dBase IV.

➢ Formats de masque

MASQUE	DESCRIPTION
!	Convertit les lettres en majuscules et n'a aucun effet sur les autres caractères.
#	N'accepte que des chiffres, des espaces et les signes + ou -.
$	Affiche la chaîne fixée par SET CURRENCY à la place des zéros non significatifs.
*	Affiche des astérisques à la place des zéros non significatifs.
,	Affiche la virgule comme séparateur de milliers.
.	Fixe la position décimale.
9	N'autorise que les chiffres pour des données de type caractère ainsi que les chiffres et les signes + ou - pour les données numériques.
A	N'autorise que des lettres.
L	N'autorise que des données logiques.
N	Accepte des lettres et des chiffres.
X	Accepte tous les caractères.
Y	N'accepte que les valeurs logiques O, o, N, n et convertit o et n en majuscules.

Exemples:

Le complément VALID

Ce complément est, à n'en pas douter, celui qui plaira le plus aux programmeurs.

La raison en est simple. La programmation structurée requise par dBase les astreint régulièrement à inclure les saisies dans des boucles de validation.

Or, ces boucles, très fréquemment utilisées, alourdissent la programmation et sont fastidieuses à écrire.

D'autre part, dans les masques de saisie gérés par la commande SET FORMAT TO, les validations sont limitées au complément RANGE, valable uniquement pour les données numériques ou de type date.

Ainsi pourrions-nous envisager le cas d'une question attendant une réponse O/N (OUI ou NON).

En dBase III, nous étions contraints d'écrire:

```
REPONSE=" "
DO WHILE .NOT.REPONSE$"ON"
   @ 20,1 SAY "Votre réponse (O/N) ?";
      GET REPONSE PICTURE "!"
   READ
ENDDO
```

Par contre, dBase IV nous permet de dire succinctement:

```
REPONSE=" "
@ 20,1 SAY "Votre réponse (O/N) ?";
      GET REPONSE PICTURE "!";
      VALID REPONSE$"ON"
READ
```

Ajoutons à cela que les fonctions définies par l'utilisateur peuvent être utilisées dans les compléments VALID.

Ainsi, dans le cas où plusieurs saisies de réponses «OUI ou NON» interviennent dans un programme, le programme bâtira une fonction de validation (appelée ici OK):

```
REPONSE=" "
@ 20,1 SAY "Votre réponse (O/N) ?";
     GET REPONSE PICTURE "!";
     VALID OK(REPONSE)
READ
...
FUNCTION OK
PARAMETER AVERIFIER
IF AVERIFIER$"ON"
  RETURN .T.
ELSE
  RETURN .F.
ENDIF
```

Les programmeurs découvriront ici un atout supplémentaire pour la vérification d'unicité d'une donnée. Ainsi, dans le fichier des employés, nous désirons que le numéro d'employé soit unique et compris entre 7000 et 7999.

En dBase III, nous devions écrire:

```
USE EMPLOYES ORDER NUMERO
TNUMERO="    "
OKNUM=.F.
DO WHILE .NOT.OKNUM
  @ 3,3  SAY "N° d'employé :";
     GET TNUM PICTURE "9999";
     RANGE 7000,7999
  READ
  SEEK VAL(TNUM)
  IF FOUND()
     OKNUM=.T.
  ENDIF
ENDDO
APPEND BLANK
REPLACE NUMERO WITH VAL(TNUM)
```

En dBase IV, en revanche, il nous suffit de spécifier :

```
TNUM="    "
@ 3,3  SAY "N° d'employé :";
       GET TNUM PICTURE "9999"
       RANGE 7000,7999;
       VALID .NOT.SEEK(VAL(TNUM))
READ
APPEND BLANK
REPLACE NUMERO WITH VAL(TNUM)
```

Le complément WHEN

Bien souvent, lors de l'ajout d'enregistrements, le programmeur vérifie l'unicité de certaines données; il lui arrive alors légitimement de souhaiter que les futurs utilisateurs ne puissent, depuis les modules de modification, accéder aux zones vérifiées.

Ainsi, pour reprendre l'exemple précédent, nous voudrions faire en sorte que, si l'utilisateur ajoute un enregistrement, la saisie du champ NUMERO lui soit proposée mais que, dans tous les autres cas, ce champ ne soit qu'affiché.

Rien ne nous empêchait de réaliser cette opération en dBase III; il nous fallait alors travailler par programmation au moyen d'une commande IF ou par utilisation de masques de saisie distincts.

En dBase IV, la procédure est fortement simplifiée puisqu'il nous suffit d'ajouter un complément WHEN basé sur le choix de menu qui a activé le module de saisie du numéro. En supposant que l'ajout d'enregistrements corresponde à une option de menu 1 stockée dans une variable CHOIX, nous écrirons en dBase IV :

```
TNUM=SPACE(4)
@ 3,3  SAY "N° d'employé :";
     GET TNUM PICTURE "9999"
     RANGE 7000,7999;
     VALID .NOT.SEEK(VAL(TNUM));
     WHEN CHOIX=1
READ
```

❐ Les variables indicées (tableaux)

Dans dBase III, toutes les variables étaient des entités indépendantes les unes des autres.

Ainsi, si l'utilisateur souhaitait, par exemple, stocker dans 12 variables les noms de mois en français, il lui fallait créer 12 variables indépendantes et, pour y faire référence, recourir à la concaténation et à la fonction macro &.

```
m1='janvier'
m2='février'
m3='mars'
m4='avril'
m5='mai'
m6='juin'
m7='juillet'
m8='août'
m9='septembre'
m10='octobre'
m11='novembre'
m12='décembre'
* Obtention du mois de la date du jour
mois='m'+ltrim(str(month(date())))
? &mois
```

En dBase IV, sa tâche est grandement facilitée puisqu'il dispose de variables indicées, c'est-à-dire de variables dont une partie du nom peut varier en fonction d'une ou de deux expressions numériques.

En informatique, une variable indicée à une entrée est généralement appelée **vecteur**, à deux entrées **matrice**.

Il convient en premier lieu de déclarer ce type de variables en précisant le nombre de lignes et de colonnes.

➢ Pour déclarer des variables privées:

DECLARE <nom de variable dimensionnée>
[nb lignes,{nb colonnes}]
{,<nom de variable dimensionnée>
[nb lignes,{nb colonnes}] ...}

➢ Pour déclarer des variables publiques:

PUBLIC <nom de variable dimensionnée>
[nb lignes,{nb colonnes}]
{,<nom de variable dimensionnée>
[nb lignes,{nb colonnes}] ...}

Dans notre exemple:

```
DECLARE M[12]
m[1]='janvier'
m[2]='février'
m[3]='mars'
m[4]='avril'
m[5]='mai'
m[6]='juin'
m[7]='juillet'
m[8]='août'
m[9]='septembre'
m[10]='octobre'
m[11]='novembre'
m[12]='décembre'
* Obtention du mois de la date du jour
? m[month(date())]
```

S'il souhaite accélérer certains traitements, l'utilisateur peut même transférer des données d'un fichier .DBF vers une variable indicée préalablement déclarée.

COPY TO ARRAY <nom de variable indicée>
[FIELD <liste de champs>]
[<étendue>][FOR<condition>]
[WHILE<condition>]

On transférera également (avec la version 1.1 de dBase IV) les données d'une variable indicée vers une base de données.

REPLACE FROM ARRAY <nom de variable indicée>
[FIELD <liste de champs>]
[<étendue>][FOR<condition>]
[WHILE<condition>]

Exemple:

```
USE EMPLOYES
COUNT FOR DEPTNO = 30 TO NBLG
      7 records
DECLARE EMP[NBLG,4]
COPY TO ARRAY EMP FIELDS NOM,ENTREE,;
FONCTION,SALAIRE FOR DEPTNO = 30
      7 records copied
? emp[2,1],emp[2,2],emp[2,3],emp[2,4]
ALLIMONT  05/05/85   VENDEUR 5525
```

De même, il peut également ajouter des enregistrements dans une base de données en traitant ligne par ligne une variable indicée:

APPEND FROM ARRAY <nom array>
[FOR <condition>]

Chaque ligne de la variable indicée peut devenir un enregistrement du fichier. Les données de la première colonne seront placées dans le premier champ, de la deuxième colonne dans le deuxième champ, etc.

Si la matrice comporte plus de colonnes que le fichier ne comporte de champs, le contenu des dernières colonnes sera ignoré.

Si le fichier comporte plus de champs que la matrice ne comporte de colonnes, les derniers champs seront complétés par le «vide».

Si l'utilisateur précise une condition, celle-ci devra porter sur un champ du fichier au moins.

❒ Les boucles

La nouvelle commande de boucle SCAN est une commande de lecture séquentielle de fichiers. Elle ne lira donc que les enregistrements faisant partie de l'étendue précisée (son étendue par défaut est ALL) et ne traitera que ceux répondant aux conditions formulées. Le passage à l'enregistrement suivant est implicite.

Sa syntaxe est la suivante:

```
SCAN [<étendue>] [FOR <condition>]
    [WHILE <condition>]
    <commandes>
ENDSCAN
```

Il s'agit donc d'une commande regroupant les fonctionnalités des commandes DO WHILE, IF et SKIP.

Ainsi, la séquence de commandes:

```
DO WHILE .NOT.EOF()
  IF <CONDITION>
    <COMMANDES>
  ENDIF
  SKIP
ENDDO
```

Équivaut à:

```
SCAN FOR <CONDITION>
  <COMMANDES>
ENDSCAN
```

Comme toute commande séquentielle, la commande SCAN requiert quelques précautions d'utilisation si l'utilisateur entend accélérer les traitements sur des fichiers de taille importante.

Dans tous les cas, il est préférable de travailler avec un index sur la valeur traitée dans les conditions, de se positionner, par une commande SEEK ou FIND, sur le premier enregistrement à traiter, puis d'utiliser une condition introduite par WHILE.

En supposant que nous voulions, par exemple, traiter tous les vendeurs de notre fichier d'employés, nous allons procéder de la manière suivante:

```
USE EMPLOYES ORDER FONCTION
FIND VENDEUR
SCAN WHILE FONCTION="VENDEUR"
  ? NOM,SALAIRE,COMMISS
ENDSCAN
```

Ainsi, nous ne traiterons qu'un seul enregistrement de plus que le nombre nécessaire: celui qui rendra fausse la condition.

❐ Le tampon-clavier

Quand dBase n'est pas disponible pour l'utilisateur, les codes des touches sur lesquelles on appuie sont conservés dans un tampon-clavier qui se vide automatiquement dès que l'utilisateur a de nouveau la main.

Par défaut, la taille du tampon est fixée à 20 caractères.

dBase III Plus gérait déjà ce tampon-clavier au moyen de quelques fonctions:

- SET TYPEAHEAD TO détermine la taille du tampon (entre 0 et 32 000 caractères);
- INKEY() renvoie le code du premier caractère dans le tampon;
- CLEAR TYPEAHEAD vide le tampon clavier;
- READKEY() renvoie un code permettant de savoir comment un utilisateur a quitté une commande de plein écran.

dBase IV propose la fonction **LASTKEY()** qui renvoie le code du dernier caractère présent dans le tampon.

Elle sera utilisée, par exemple, pour savoir sur quelle touche l'utilisateur a appuyé en sortant d'une commande 'plein écran', telle que BROWSE ou EDIT.

La version 1.1 de dBase IV ajoute une commande complémentaire qui permet de remplir à l'avance le tampon:

KEYBOARD <chaîne de caractères> [CLEAR]

Dès que dBase est prêt à recevoir des données, il lit le contenu du tampon.

Avec le complément CLEAR, le tampon est vidé au préalable. Sinon, la chaîne de caractères mentionnée s'ajoute aux caractères déjà présents.

❒ Le contrôle des erreurs

dBase III Plus contrôlait déjà l'apparition des erreurs. ON ERROR <commande> exécute la commande mentionnée (souvent une procédure) dès qu'une erreur apparaît dans le cours d'un programme.

Le numéro de l'erreur et le message correspondant sont renvoyés par les fonctions ERROR() et MESSAGE().

dBase IV renvoie aussi, par l'intermédiaire de la fonction **PROGRAM()**, le nom de la procédure ou du programme en cours d'exécution lors de l'apparition d'une erreur.

dBase IV gère également les erreurs qui se produisent lors de la saisie (dans le cours d'une commande en plein écran ou d'une commande @...GET) avec la commande **ON READERROR <commande>.** De cette manière les erreurs de saisie, telles qu'une date incorrecte ou un dépassement des bornes de validité, sont contrôlées.

La version 1.1 de dBase IV s'enrichit d'une fonction qui renvoie le numéro de la dernière erreur de compilation rencontrée: CERROR().

❒ Les fonctions définies par l'utilisateur

Définition:

Une fonction définie par l'utilisateur est une procédure qui commence par le mot-clé **FUNCTION**, applique un certain traitement au(x) paramètre(s) qui lui sert/servent d'argument(s) et renvoie une valeur comme résultat du traitement par l'instruction **RETURN**.

La syntaxe complète pour la création d'une fonction est la suivante:

FUNCTION <nom de procédure>
PARAMETERS <liste de paramètres>
<instructions>
RETURN [<résultat de la fonction>]

Exemple:

Pour éviter tout problème d'indexation de noms lorsque ceux-ci comportent des blancs et/ou des caractères spéciaux, l'utilisateur peut décider de les «compacter», c'est-à-dire de les décomposer caractère par caractère et de ne retenir que les caractères alphabétiques en majuscule.

Dans le fichier de procédure X:

```
FUNCTION compac
PARAMETER nombrut
* Initialisation du compteur de caractères
nb = 0
* Initialisation de l'accumulateur
* de caractères corrects
nomcomp = ""
```

```
* La boucle tournera tant que le compteur
* de caractères sera inférieur à la longueur
* de la variable nombrut.
DO WHILE nb < LEN(TRIM(nombrut))
     * Incrémentation du compteur
     nb = nb + 1
     * Extraction des caractères
     caract = UPPER(SUBSTR(nombrut,nb,1))
     * Le caractère est-il une lettre
     * majuscule ?
     IF caract $ "ABCDEFGHIJKLMNOPQRSTUVWXYZ"
          * Accumulation des bons caractères
          nomcomp = nomcomp + caract
     ENDIF
ENDDO
* La fonction renvoie la valeur du nom
* compacté.
RETURN (nomcomp)
```

Pour faire appel à la fonction, l'utilisateur devra écrire, dans le programme principal ou en mode interactif:

```
SET PROCEDURE TO x
nom = "de Marsin d'Houtin"
? compac(nom)
DEMARSINDHOUTIN
```

Limites:

Un certain nombre de commandes ne sont pas autorisées dans les fonctions définies par l'utilisateur.

Ce sont essentiellement les commandes[9] suivantes:

---

9 Dans la majorité des cas, les commandes citées ici sans argument font référence à **toutes** les commandes commençant par ce mot-clé.

APPEND, ASSIST, BROWSE, CANCEL, CLEAR ALL/FIELDS, CLOSE, COMPILE, CONVERT, COPY, CREATE, DEBUG, DEFINE, DELETE TAG, EDIT, ERASE, EXPORT, IMPORT, INDEX, INSERT, JOIN, LABEL, MODIFY, MOVE WINDOW, ON..., PACK, PRINTJOB, PROTECT, QUIT, REINDEX, REPORT, RESTORE, RESUME, ROLLBACK, SAVE, SET (DEBUG, DEVICE, FIELDS, FORMAT, PROCEDURE, RELATION, SKIP, SQL, STEP, TRAP, VIEW, WINDOW), SORT, SUSPEND, TOTAL, TYPE, UPDATE, ZAP.

La fonction macro & est également proscrite.

❒ Le déboguage

Un utilitaire de déboguage permet de visualiser pas à pas le déroulement d'un programme.

Il peut être appelé de trois manières différentes:

- directement en quittant l'éditeur de programmes, par le menu 'Quitte' en choisissant l'option 'Mise au point du programme';
- en exécutant la commande **DEBUG <nom du programme>** au lieu de DO <nom du programme>;
- en introduisant dans le programme l'instruction **SET TRAP ON** qui activera le débogueur à la première erreur rencontrée.

L'écran du débogueur affiche plusieurs informations utiles:

- la zone de travail en cours;
- la base de données active;
- le numéro de l'enregistrement pointé;

- le nom de l'index maître;
- le programme et la procédure en cours d'exécution;
- le numéro de la prochaine ligne de programme qui sera exécutée.

De plus, il permet de contrôler le contenu de certaines variables et de créer des conditions qui arrêteront l'exécution du programme quand elles seront remplies (des points d'arrêt).

```
-------- D:\PROG\ESSAI.PRG ---------   ------------------------------------------------------
  19    reponse=UPPER(reponse)           |              --- Commandes DEBUG ---
  20                                     |
  21    DO CASE                          |  B       - Saisir des points d'arrêt
  22       CASE reponse="R"              |  D       - Visualiser des variables
  23       imp="o"                       |  E       - Editer le programme
  24    DO cui2                          |  L       - Continuer à partir d'une ligne
  25       CASE reponse="L"              |  [n]N    - = à "S" au niveau du programme
  26    DO cuili                         |  P       - Informations sur le programme
  27       CASE reponse="T"              |  Q       - Quitter le Debugger
  28           use employes              |  R       - Arrêt sur interrupt. ou erreur
  29           IF imp="o"                |  [n]S    - Exécuter l'étape suivante
-------------------------------------    |  X       - Point de disponibilité
---- VARIABLES ----------------------    |  [n]←┘   - Répéter l'action "N" ou "S"
                            :            |  [n]↑    - Ligne précédente
                            :            |  [n]↓    - Ligne suivante
                            :            |  F1      - Ecran d'aide actif ou non
                            :            |  F9      - Afficher l'écran du programme
-------------------------------------    ------------------------------------------------------

---- INFORMATIONS -------------------------------------------------------------------------
SELECT:     1     Base de données:                  Programme: essai.prg
Enreg.:  0        Index maître:                     Procédure: ESSAI
Action:                                             Ligne active: 22
-------------------------------------------------------------------------------------------
```

L'écran du débogueur.

❐ Le générateur d'applications

Il s'agit d'un utilitaire destiné à vous aider à réaliser des applications, sans que vous ayez besoin d'entrer manuellement une seule ligne d'instructions.

Inutile de connaître la syntaxe et les mots-clefs du langage: vous définissez votre application par l'intermédiaire des menus et le générateur d'application crée automatiquement les programmes nécessaires, qui sont donc directement utilisables.

Vous pouvez par ailleurs retravailler et modifier ces programmes générés. Ils portent l'extension .PRG.

Vous commencez par créer les bases de données, les index, les formats d'écran, d'étiquettes et de rapports dont vous aurez besoin.

Vous entrez ensuite dans le générateur d'applications, soit par le centre de contrôle (une colonne est réservée aux applications), soit par le mode direct avec la commande **CREATE APPLICATION**.

Si vous manquez de temps, vous demanderez la création d'une application minimum mais qui sera élaborée en quelques minutes.

Le générateur construira un unique menu qui permettra d'effectuer les opérations essentielles sur une base de données:

- ajouter des enregistrements (l'équivalent de la commande APPEND);
- afficher les enregistrements pour consultation et mise à jour (l'équivalent de la commande EDIT);

- accéder à l'écran 'Tableau' pour consultation et mise à jour (l'équivalent de la commande BROWSE);
- supprimer les enregistrements marqués pour l'effacement (l'équivalent de la commande PACK).

Le générateur d'applications vous sera utile également pour créer des applications plus sophistiquées destinées notamment à gérer des bases de données multiples. Vous pourrez alors:

- modifier quelques variables système;
- déterminer les champs qui seront utilisés dans les bases de données;
- définir un système complet de menus déroulants;
- spécifier les commandes qui seront exécutées par les différentes options des menus.

❐ La pseudo-compilation

Tous les programmes, ainsi que les formats d'écran, de rapports, d'étiquettes, les extractions sont compilés automatiquement, ce qui accélère leur exécution future et permet un premier contrôle de la syntaxe.

En fait, il s'agit plutôt d'une pseudo-compilation, puisqu'aucun fichier directement exécutable n'est créé. Le fichier objet résultant est exécutable uniquement sous dBase.

Chaque fois qu'un programme ou un format est modifié, dBase recompile, sauf si **SET DEVELOPMENT** est OFF.

Pour compiler, vous utiliserez alors la commande **COMPILE.**

Les menus horizontaux

❐ La définition du menu horizontal

DEFINE MENU <nom de menu>
[MESSAGE <expression caractère>]

Cette commande ne crée pas réellement un menu. Elle se limite en fait à affecter un nom à un menu et à lui assigner un message optionnel. Ce nom suit les mêmes règles que les noms de champs et de variables.

Le texte du message apparaîtra centré sur la dernière ligne de l'écran. Il est limité à 79 caractères et ne sera utilisé que si les différentes options du menu n'ont pas reçu leur propre message.

❐ La définition des options du menu

DEFINE PAD <nom d'option>
OF <nom de menu>
PROMPT <expression caractère>
[AT <ligne>,<colonne>]
[message <expression caractère>]

Cette commande permet de définir chaque option du menu préalablement défini.

L'expression caractère prévue dans le complément PROMPT apparaîtra à la position désignée, précédée et suivie d'un espace.

En dépit de la notion générale de menu horizontal, les coordonnées <ligne>,<colonne> qui positionnent les prompts ne doivent pas obligatoirement respecter cette disposition en ligne.

Si l'utilisateur ne précise aucune coordonnée <ligne>, <colonne>, dBase IV entame l'affichage du premier prompt dans l'angle supérieur gauche de l'écran et place les suivants au premier emplacement disponible sur cette même ligne.

❐ La définition des actions à exécuter

➢ Première solution

ON SELECTION PAD <nom d'option>
OF <nom de menu>[<commande>]

Cette commande associe une action au choix d'une option d'un menu. Il peut s'agir de n'importe quelle commande de dBase IV et, bien entendu, de l'exécution d'un fichier de commandes ou d'une procédure. Sans commande, l'option apparaît mais est désactivée.

➢ Seconde solution

ON PAD <nom d'option>
OF <nom de menu>
ACTIVATE POPUP <nom de menu déroulant>

Cette commande associe un menu déroulant à une option d'un menu horizontal. Lorsque l'utilisateur se déplacera dans le menu horizontal, le menu déroulant s'affichera automatiquement; il pourra en outre voyager dans ce menu et y sélectionner des options grâce aux touches 'flèche haut' et 'flèche bas'.

❐ L'activation du menu

ACTIVATE MENU <nom de menu> [PAD <option>]

Cette commande active un menu préalablement défini et l'affiche à l'écran. Chaque fois qu'a été exécutée la commande de l'option choisie dans ce menu, celui-ci reprend la main.

Pour passer d'une option du menu à une autre, il suffit d'enfoncer les touches 'flèche gauche' ou 'flèche droite' puis d'appuyer sur la touche 'Entrée' pour valider le choix.

Si l'utilisateur spécifie une option, la barre de sélection se positionne sur celle-ci.

Remarque:

Ces menus, par le principe même de leur activation, modifient complètement la programmation et la structure des programmes. Toutes les opérations sont définies dans les options ON... Pour que le menu soit répétitif, il suffit de l'activer.

Étant donné que seule une commande de désactivation en arrête l'exécution, il n'est donc plus indispensable d'utiliser une boucle DO WHILE <condition> à cet effet.

❒ La mise au point d'un menu

Au cours de la préparation d'un menu, il est intéressant de contrôler son emplacement sur l'écran et sa présentation.

SHOW MENU <nom de menu> [PAD <nom d'option>]

Avec cette commande, le menu n'est pas activé mais simplement affiché. Si le complément **PAD** est ajouté, l'option mentionnée est en évidence.

❒ La désactivation d'un menu

DEACTIVATE MENU

Cette commande désactive le menu actif et l'efface de l'écran; sa définition, toutefois, reste en mémoire centrale.

❒ La suppression de menus

CLEAR MENUS

Cette commande efface la définition de tous les menus de l'écran ainsi que de la mémoire centrale.

RELEASE MENUS [<liste de menus>]

Cette commande efface de la mémoire centrale la définition des menus précisés dans la liste. Si aucune liste n'est spécifiée, tous les menus sont effacés.

Les menus verticaux

❒ La définition du menu vertical

```
DEFINE POPUP <nom de menu vertical>
    FROM <ligne>,<colonne>
    [TO <ligne>,<colonne>]
    [PROMPT FIELD <nom de champ>
    /PROMPT FILES [LIKE <masque>]
    /PROMPT structure]
    [MESSAGE <expression caractère>]
```

Cette commande ne crée pas réellement un menu. Elle se limite en fait à affecter un nom à un menu et à lui assigner un message optionnel. Ce nom suit les mêmes règles que les noms de champs et de variables.

Le complément FROM désigne l'angle supérieur gauche de l'affichage du menu déroulant. Le complément TO désigne l'angle inférieur droit; si ce complément n'est pas précisé , dBase IV calcule l'espace nécessaire à l'affichage d'après le nombre et la longueur des options.

Les trois compléments PROMPT autorisent des utilisations particulières mais empêchent la définition ultérieure de «barres» de menu.

Le complément PROMPT FIELD permet d'afficher le contenu du champ cité et de se déplacer d'enregistrement en enregistrement au moyen des touches ‘flèche haut’ et ‘flèche bas’. dBase est capable de mémoriser le dernier enregistrement référencé.

Le complément PROMPT FILES permet d'afficher le nom des fichiers du catalogue. L'option LIKE <masque> limite l'affichage à certains fichiers moyennant l'utilisation des caractères génériques ? (point d'interrogation) et * (astérisque).

Le complément PROMPT STRUCTURE affiche le nom des champs disponibles dans la base de données courante.

Le complément MESSAGE affiche une ligne de texte centrée sur la dernière ligne de l'écran. Ce message ne peut excéder 79 caractères et n'est utilisé qu'avec les trois compléments PROMPT.

❒ La définition des options

DEFINE BAR <expression numérique>
OF <nom de menu vertical>
PROMPT <expression caractère>
[MESSAGE <expression caractère>]
SKIP [for <condition>]

Cette commande permet de définir chaque option du menu vertical préalablement défini.

Le prompt apparaîtra dans le cadre du menu.

Pour passer d'une option du menu à une autre, il suffit d'enfoncer les touches 'flèche haut' ou 'flèche bas', puis d'appuyer sur la touche 'Entrée' pour valider le choix.

Le complément SKIP sans argument permet d'afficher une option de menu sans en autoriser la sélection. Associée à l'argument FOR, le complément SKIP n'affiche l'option désignée que si la condition est vraie (.T.).

❐ La définition des actions à entreprendre

ON SELECTION POPUP
<nom d'option>/ALL [<command>]

Cette commande associe une ligne d'option d'un menu vertical à une commande. Si celle-ci n'est pas précisée, le menu déroulant s'affiche mais aucune de ses options n'est disponible. Si on recourt à l'option ALL, la même commande est exécutée, quelle que soit l'option sélectionnée.

❐ L'activation d'un menu déroulant

ACTIVATE POPUP <nom de menu déroulant>

Il n'est possible d'activer qu'un seul menu à la fois. En cas d'imbrication de menus déroulants, le menu supérieur est suspendu jusqu'à désactivation du menu en cours.

❐ La mise au point d'un menu

Au cours de la préparation d'un menu, il est intéressant de contrôler son emplacement sur l'écran et sa présentation.

SHOW POPUP <nom de menu>

Avec cette commande, le menu n'est pas activé mais simplement affiché.

❐ La désactivation d'un menu vertical

DEACTIVATE POPUP

Cette commande désactive le menu vertical courant. Si plusieurs menus déroulants sont imbriqués les uns dans les autres, la commande, pour désactiver tous les menus, doit être répétée autant de fois qu'il y a de niveaux d'imbrication.

❒ La suppression de menus déroulants

CLEAR POPUPS

Cette commande efface tous les menus déroulants de l'écran—s'ils étaient activés—ainsi que de la mémoire centrale.

RELEASE POPUPS [<liste de menus>]

Cette commande efface de la mémoire centrale la définition des menus précisés dans la liste. Si aucune liste n'est spécifiée, tous les menus sont effacés.

Exemple:

Utilisation simultanée de menus horizontaux et de menus déroulants.

Écrans générés par le programme:

```
 Clients    Stock    Bon de commande    Sortie
┌────────────────────────────────┐
│Ajout                           │
│Modification/Consultation       │
│Suppression                     │
└────────────────────────────────┘
```

```
 Clients    Stock    Bon de commande    Sortie
                   ┌─────────────────────────────┐
                   │Ajout                        │
                   │Modification/Consultation    │
                   │Suppression                  │
                   └─────────────────────────────┘
```

```
Clients    Stock    Bon de commande    Sortie
                    Saisie
                    Impression
```

```
Clients    Stock    Bon de commande    Sortie
                                       Oui
                                       Non
```

Commandes du programme:

1. Définition du menu horizontal et de ses différentes options (PADS)

```
define menu PRINCIPAL
define pad A of PRINCIPAL;
 prompt "Clients" at 1,1;
 message "Gestion des clients"
define pad B of PRINCIPAL;
 prompt "Stock" at 1,10;
 message "Gestion du stock"
define pad C of PRINCIPAL;
 prompt "Bon de commande" at 1,17;
 message "Gestion des bons de commande"
define pad D of PRINCIPAL;
 prompt "Sortie" at 1,34;
 message "Retour au mode interactif"
```

2. Actions à initialiser lorsqu'on choisit une des options du menu horizontal

```
on pad A of PRINCIPAL activate popup CLIENTS
on pad B of PRINCIPAL activate popup STOCK
on pad C of PRINCIPAL activate popup COMMANDE
on pad D of PRINCIPAL activate popup SORTIE
```

3. Définition des menus déroulants et de leurs différentes barres

```
define popup CLIENTS from 2,1
define bar 1 of CLIENTS;
 prompt "Ajout";
 message "Ajout d'enregistrements dans le
 fichier CLIENTS"
define bar 2 of CLIENTS;
 prompt "Modification/consultation";
 message "Edition d'enregistrements du fichier
 CLIENTS"
define bar 3 of CLIENTS;
 prompt "Suppression";
 message "Suppression d'enregistrements du
 fichier CLIENTS"
define popup STOCK from 2,10
define bar 1 of STOCK;
 prompt "Ajout";
 message "Ajout d'enregistrements dans le
 fichier STOCK"
define bar 2 of STOCK;
 prompt "Modification/consultation";
 message "Edition d'enregistrements du fichier
 STOCK"
define bar 3 of STOCK;
 prompt "Suppression";
 message "Suppression d'enregistrements du
 fichier STOCK"
define popup COMMANDE from 2,17
```

```
define bar 1 of COMMANDE;
  prompt "Saisie";
  message "Saisie d'un bon de commande"
define bar 2 of COMMANDE;
  prompt "Impression";
  message "Impression d'un bon de commande"
define popup SORTIE from 2,34
define bar 1 of SORTIE;
  prompt "Oui";
  message "Confirmation du retour au mode
  interactif"
define bar 2 of SORTIE;
  prompt "Non";
  message "Annulation du retour au mode
  interactif"
```

4. Actions à initialiser lorsqu'on choisit une barre d'un des menus déroulants

```
on selection popup CLIENTS do CLIENTS
on selection popup STOCK do STOCK
on selection popup COMMANDE do COMMANDE
on selection popup SORTIE do SORTIE
```

Tous ces éléments étant déclarés, on peut activer le menu principal:

```
activate menu PRINCIPAL
```

Remarque:

Dans les différents sous-programmes, l'utilisateur travaillera avec les fonctions BAR() et PAD() qui permettent de connaître le numéro de la barre du menu déroulant qui a été sélectionnée ou le titre du menu vertical sélectionné. L'analyse des différents cas possibles se fera au moyen d'une commande DO CASE.

Les fenêtres

DEFINE WINDOW
ACTIVATE WINDOW
DEACTIVATE WINDOW
ACTIVATE SCREEN
SAVE WINDOW
RESTORE WINDOW
CLEAR WINDOWS
RELEASE WINDOWS
MOVE WINDOW

❐ Définition et notions

dBase IV est équipé d'un système complet de gestion des fenêtres.

Une fenêtre, en fait, est une zone qui fonctionne à la manière d'un écran dans l'écran.

Lorsqu'une fenêtre préalablement définie est activée, elle apparaît sur l'écran et occulte temporairement tout ce qui se trouve derrière elle. L'utilisateur peut y afficher données et informations diverses. Si l'affichage excède la hauteur de la fenêtre, un défilement vertical se produit de manière automatique, comme dans l'écran général.

Étant donné que la fenêtre active se substitue à l'écran dans les différentes fonctions d'affichage, toutes les coordonnées de positionnement des commandes @ <ligne>,<colonne> utilisent l'angle supérieur gauche de la fenêtre comme point de référence 0,0.

Inversement, lorsqu'une fenêtre est désactivée, elle s'efface de l'écran et tous les éléments qu'elle cachait sont réaffichés sans que l'utilisateur ait à intervenir.

❒ Utilisation

➢ 1.- La définition d'une fenêtre

```
DEFINE WINDOW <nom de fenêtre>
FROM <ligne>,<colonne>
TO <ligne>,<colonne>
    [DOUBLE/PANEL/NONE/
                <chaîne de définition du pourtour>]
    [COLOR[<standard>][,<rehaussé>][,<cadre>]]
```

Cette commande ne fait que définir la fenêtre en mémoire centrale pour une utilisation ultérieure.

Le <nom de fenêtre> est celui choisi par l'utilisateur; il répond aux mêmes normes que les noms de champs et de variables.

Le complément FROM permet de donner les coordonnées de l'angle supérieur gauche de positionnement de la fenêtre, et TO, celles de l'angle inférieur droit. Le nombre de lignes disponibles à l'écran dépendra de l'état des paramètres SCOREBOARD et STATUS.

Le complément DOUBLE entoure la fenêtre d'une double ligne graphique; PANEL, d'un caractère graphique et <chaîne de définition du pourtour>, d'un caractère défini par l'utilisateur; NONE, en revanche, supprime l'encadrement. En l'absence de l'un de ces compléments, la fenêtre est encadrée par une simple ligne.

Le complément COLOR définit les couleurs de l'affichage propres à la fenêtre en cours de définition, en termes de caractères/fond pour les affichages standard et rehaussé, ainsi que pour le cadre.

➢ 2.- L'activation d'une fenêtre

ACTIVATE WINDOW <liste de fenêtres>/ALL

Cette commande sert à afficher des fenêtres préalablement définies.

Il est bien entendu qu'il ne peut jamais y avoir qu'une seule fenêtre active. Lorsque, dans la commande, l'utilisateur cite une liste de fenêtres, toutes les fenêtres de cette liste sont ouvertes mais seule la dernière est active et, donc, opérationnelle. Si, au contraire, l'utilisateur préfère l'option ALL, c'est la dernière fenêtre définie qui est active.

➢ 3.- Le déplacement d'une fenêtre

MOVE WINDOW <nom de fenêtre>
TO <ligne>,<colonne>
/BY <ligne>,<colonne>

Une fenêtre activée par la commande ACTIVATE WINDOW sera déplacée sur l'écran au moyen de cette commande.

La nouvelle position sera déterminée soit de manière absolue avec le complément TO qui indique les nouvelles coordonnées du coin supérieur gauche, soit au moyen du complément BY qui mentionne le déplacement par rapport à la position actuelle.

➢ 4.- La désactivation d'une fenêtre

DEACTIVATE WINDOW <liste de fenêtres>/all

Cette commande efface de l'écran les fenêtres précisées dans la liste ou toutes les fenêtres, tout en conservant leur définition en mémoire centrale. Les éléments cachés sont réaffichés.

En cas de désactivation de toutes les fenêtres, le logiciel provoque un retour au mode plein-écran.

En cas de désactivation d'une liste de fenêtres, deux solutions peuvent se présenter. Premièrement, la liste de désactivation correspond à celle d'activation; dans ce cas, le logiciel, comme précédemment, retourne au mode plein-écran. Deuxièmement, la liste de désactivation diffère de celle d'activation; dans ce cas, la fenêtre qui devient active est la dernière fenêtre ouverte parmi les fenêtres restantes.

ACTIVATE SCREEN

Cette commande produit le même effet que la désactivation de toutes les fenêtres sans toutefois effacer de l'écran la dernière fenêtre ouverte.

➢ 5.- La sauvegarde et le rappel d'une fenêtre

SAVE WINDOW <liste de fenêtres>
/all to <fichier>

Cette commande enregistre sur le disque les définitions des fenêtres précisées dans la liste ou de toutes les fenêtres sous la forme d'un fichier avec extension WIN.

Cette sauvegarde est comparable à celle des variables en mémoire centrale.

RESTORE WINDOW <liste de fenêtres>/ALL
FROM <fichier>

Cette commande rappelle en mémoire centrale les définitions des fenêtres précisées ou de toutes les fenêtres.

Si une fenêtre définie en mémoire centrale au moment de l'exécution de la commande RESTORE porte le même nom qu'une fenêtre rappelée, c'est la fenêtre rappelée qui est prioritaire.

➢ 6.- La suppression des fenêtres

CLEAR WINDOWS

Cette commande efface les fenêtres simultanément de l'écran et de la mémoire centrale. Les éléments cachés sont réaffichés.

RELEASE WINDOWS <liste de fenêtres>

Contrairement à la commande précédente, celle-ci supprime de la mémoire vive uniquement les fenêtres dont les noms figurent dans la liste indiquée.

Les images-écrans (dBIV 1.1)

❐ Définition et notions

La version 1.1 de dbase IV propose un système de capture d'écran tout à fait indépendant des fenêtres et des écrans de saisie.

L'écran tel qu'il se présente à un moment donné peut être capturé et sauvegardé en mémoire vive. Il pourra ensuite être rappelé pour être affiché à nouveau.

Les images-écrans sont conservées en mémoire sous le nom qui leur a été attribué au moment de leur création.

Elles ne pourront pas être conservées sur disque et devront donc être recréées à chaque session de travail avec dBase.

Elles seront surtout utilisées en programmation pour rappeler un menu par exemple.

❒ Utilisation

➢ 1- La création d'une image-écran

SAVE SCREEN TO <nom d'écran>

Cette commande capture l'image de l'écran et la stocke en mémoire vive sous le nom spécifié.

La commande DISPLAY MEMORY affiche le nom des différentes images-écrans.

➢ 2- L'affichage d'une image-écran

RESTORE SCREEN FROM <nom d'écran>

Cette commande sera utilisée pour afficher une image-écran créée auparavant avec la commande SAVE SCREEN et qui figure donc en mémoire vive.

Une image-écran peut être réaffichée un nombre illimité de fois.

➢ 3- La suppression des images-écrans

CLEAR SCREEN

Cette commande annule toutes les images-écrans existant en mémoire.

RELEASE SCREEN <liste d'écrans>

Cette commande supprime de la mémoire vive uniquement les écrans dont les noms figurent dans la liste.

Ces deux commandes n'ont aucun effet sur les fenêtres, ni sur les écrans personnalisés de saisie.

L'exportation de bases de données

COPY TO

dBase IV connaît plusieurs formats de fichiers étrangers, ce qui rend possible le transfert, par simple copie, d'une base de données active vers d'autres logiciels.

COPY TO <nom de fichier>
[FIELDS<liste de champs>]
[FOR/WHILE <condition>]
[TYPE DBASEII/DBMEMO3/DIF/FW2/RPD
/SDF/SYLK/WKS/DELIMITED]

Les formats DIF (Visicalc), SYLK (Multiplan) et WKS (Lotus), ainsi que les formats ASCII (SDF et DELIMITED) étaient déjà proposés par dBase III Plus.

dBase IV complète la commande avec les formats dBase II, dBase III, Framework, Rapid File.

dBase IV 1.1 ajoute le complément **WITH PRODUCTION** pour créer une copie du fichier actif, au format dBase IV, y compris le fichier d'index multiple (appelé aussi fichier de production).

Pour les conversions au format dBase III, voyez le chapitre 7.

Les macro-commandes

PLAY MACRO
RESTORE MACROS FROM
SAVE MACROS TO

❒ Définition et notions

Les macro-commandes de dBase IV enregistrent une suite de touches entrées au clavier (à partir du centre de contrôle, comme à partir du mode interactif).

Dans le centre de contrôle, l'option 'Macro' du menu 'Outils' contient toutes les commandes pour gérer complètement les macros: créer et éditer, sauvegarder et charger en mémoire, exécuter.

En mode interactif, il est possible de créer et d'exécuter une macro-commande en utilisant une combinaison de touches et par une commande.

❒ Utilisation

➢ 1- La création d'une macro-commande

L'appui sur MAJ-F10 commence l'enregistrement de la macro-commande. Dès que vous appuyez sur la touche qui servira par la suite à l'exécuter, toutes les opérations du clavier sont mémorisées.

Une macro-commande pourra être appelée par une lettre (de A à Z) et, dans le centre de contrôle, par une combinaison de touches ALT-F1 à ALT-F10.

Pour terminer l'enregistrement de la macro-commande, appuyez de nouveau sur MAJ-F10.

➢ 2- La sauvegarde des macro-commandes

La mémoire peut contenir jusqu'à 35 macro-commandes. L'ensemble, qui porte le nom de bibliothèque, sera sauvegardé sur le disque au moyen de la commande **SAVE MACROS TO <nom de bibliothèque de macro-commandes>** qui créera un fichier avec l'extension KEY.

Pour rappeler en mémoire une bibliothèque de macro-commandes, utilisez la commande **RESTORE MACROS FROM <nom de la bibliothèque>.**

➢ 3- L'exécution d'une macro-commande

Dans le centre de contrôle, sélectionnez Lancer (menu 'Outils', option 'Macros'). Un tableau vous présente alors les différentes macros disponibles.

En mode interactif, vous appuierez sur la touche ALT en combinaison avec la lettre d'identification de la macro (celle que vous avez donnée au début de son enregistrement).

La commande **PLAY MACRO <lettre d'identification>** produira le même résultat et sera éventuellement intégrée dans les programmes.

Les réseaux

La commande utilitaire PROTECT a pour but de créer et de maintenir la sécurité dans un système dBase IV et l'administrateur de la base de données devrait, idéalement, être le seul habilité à l'utiliser. Par ailleurs, cette protection s'implémente aussi bien sur un PC indépendant qu'en réseau.

Cet utilitaire offre trois types de sécurités:

- Sécurité de connexion

  Elle empêche les utilisateurs non autorisés d'accéder à dBase IV.
- Sécurité d'accès aux fichiers et aux champs

  Elle permet de définir à quels fichiers et à quels champs de ces fichiers un utilisateur donné peut accéder.
- Encryptage des données

  Il sauvegarde les données sous une forme illisible par tout utilisateur non autorisé.

❒ Mise en œuvre

En mode interactif, il suffit de taper PROTECT et l'écran suivant se présente:

```
     Système de sécurité - dBase IV

  Mot de passe : [              ]
```

Il ne reste plus alors à l'administrateur de la base qu'à entrer son mot de passe dans la case prévue à cet effet.

S'il s'agit du premier appel de la commande, le logiciel repropose la zone de dialogue de manière à s'assurer que l'administrateur a correctement introduit son mot de passe et s'en souvient parfaitement.

Étant donné que ce mot n'apparaît nulle part, il lui est vivement conseillé de le mémoriser.

❐ Définition des utilisateurs

Pour permettre aux utilisateurs d'entrer dans le logiciel, l'administrateur constitue des groupes au sein desquels il définit chaque utilisateur individuellement; pour ce faire, il leur attribue à chacun un nom, un mot de passe et un niveau de privilège.

```
Identité                  BERNARD
Mot de passe              DRANREB
Groupe                    INFO

Nom de l'utilisateur      Bernard OTLET
Niveau d'accès            1

Stocker le profil utilisateur

Retirer l'utilisateur du groupe
```

Le profil de tous les utilisateurs est mémorisé dans un fichier unique, DBSYSTEM.DB, qui interviendra automatiquement lors du lancement de dBase.

❐ Définition des accès aux fichiers et aux champs

L'administrateur procède ensuite à la définition des droits d'accès, c'est-à-dire qu'il décide quel(s) groupe(s) peut/peuvent accéder au(x) fichier(s) ainsi que les privilèges dont il faut bénéficier au sein du groupe pour réaliser l'une ou l'autre de ces opérations :

- **READ**
- **UPDATE**
- **EXTEND**
- **DELETE**

En matière de champs, il spécifie, pour chaque niveau de privilège, le type d'accès autorisé (FULL, NONE, R/O).

```
Fichier                                DEPART.DBF
Groupe                                 INFO
Privilèges d'accès au fichier
Privilèges d'accès aux champs
    Niveau d'accès                     1
    Définir les privilèges
Stocker les privilèges du fichier
Effacer les privilèges du fichier
```

Ces informations sont sauvées dans un fichier portant le même nom que le fichier .DBF mais suivi de l'extension .CRP.

❒ Informations sur la sécurité

L'administrateur de la base de données peut, par l'option RAPPORTS UTILISATEURS DEFINIS de la commande PROTECT, obtenir la liste des utilisateurs comme suit:

```
Identité  Mot de passe  Groupe  Nom de l'utilisateur  Niveau
==============================================================
BERNARD   DRANREB       INFO    Bernard OTLET              1
VINCENT   CENTVIN       INFO    Vincent KERSTEN            5
DUPONT    PONDUT        INFO    Jean DUPONT                8
```

Par l'option RAPPORTS FICHIER CRYPTE, il peut obtenir, fichier par fichier, les informations qui figurent à la page suivante.

```
Fichier :     C:\SGBD\DBIV\DEPART.CRP
Groupe  :     INFO
 Lecture        :   8
 Mise à jour :   3
 Ajout          :   6
 Effacement     :   1
                       Niveaux d'accès
  Champs     1    2    3    4    5    6    7    8
========== ===  ===  ===  ===  ===  ===  ===  ===
DEPTNO     FULL R/O  R/O  R/O  R/O  R/O  R/O  R/O
NOMDEPT    FULL FULL FULL FULL FULL FULL R/O  R/O
LOCDEPT    FULL FULL FULL FULL FULL FULL R/O  R/O
NOPROV     FULL FULL FULL FULL FULL FULL R/O  R/O
```

❐ Connexion à dBase IV

Lors du chargement de dBase IV, un écran de connexion apparaît :

```
              Connexion dBase IV
 Groupe ...........: [          ]
 Nom ...............:
 Mot de passe .....:
```

L'utilisateur dispose de trois essais; si ses tentatives d'introduction de mots de passe restent infructueuses, il est éjecté du programme et renvoyé au DOS.

Le langage SQL

SET SQL on/OFF

Contrairement au langage de programmation dBase qui fonctionne par procédures, SQL est un langage déclaratif qui utilise une trentaine de commandes pour agir sur les fichiers représentés sous la forme de tables où chaque donnée correspond à l'intersection d'une ligne et d'une colonne. Les différentes tables, quant à elles, sont regroupées dans une base de données.

On accède à SQL par la commande **SET SQL ON**.

Il se compose de trois types de commandes:

- les commandes de définitions qui servent à créer une base de données, un index, à afficher des informations extraites des bases de données, ...;
- les commandes de manipulation qui créent une vue, suppriment et mettent à jour les données;
- les commandes de contrôle qui assurent la sécurité des données.

Par exemple, pour créer une table dans la base de données active, on utilisera la commande suivante:

```
CREATE TABLE employe2
(numero        NUMERIC(4,0),
nom            CHAR(15),
entree         DATE,
fonction       CHAR(15),
salaire        NUMERIC(9,2),
commiss        NUMERIC(9,2),
prime          LOGICAL,
servno         NUMERIC(2,0));
```

Les commandes SQL peuvent être facilement intégrées dans les programmes dBase IV, ce qui permet notamment, en reprenant l'exemple ci-dessus, de créer un fichier directement dans un programme.

Les utilitaires du DOS

```
Dos    Fichiers   Tri    Repérage    Opérations    Quitter
                                       E:\DB4FR
  Nom/Extension      Taille   Date & Heure          Attrib        Utilisé

  <parent>           <DIR>    Jui 15,1991  6:07a  ♦♦♦♦
  13722500 $VM           0    Jui 16,1991  7:58a  a♦♦♦           4.096
  22822500 $ED           0    Jui 16,1991  7:58a  a♦♦♦           4.096
  ASCII    PR2         680    Sep 19,1989  8:32a  a♦♦♦           4.096
  C        BAT          60    Sep 25,1990  9:27a  a♦♦♦           4.096
  CATALOG  CAT         607    Jui 16,1991  7:58a  a♦♦♦           4.096
  CHRTMSTR DBO      39.312    Sep 19,1989  8:32a  a♦♦♦          40.960
  CONFIG   BAK         327    Sep 25,1990  9:13a  a♦♦♦           4.096
  CONFIG   DB          200    Sep 25,1990  9:17a  a♦♦♦           4.096
  DB4      EXE     146.432    Sep 19,1989  8:30a  a♦♦♦         147.456
  DBASE    BAT          21    Sep 25,1990  9:27a  a♦♦♦           4.096

Total  ◂repérés▸          0  (   0 fichiers)                         0
Total  ◂affichés▸ 2.871.458  (  52 fichiers)                 3.026.944
```

L'écran des utilitaires du DOS.

Accessibles uniquement par le centre de contrôle. ils regroupent un ensemble de commandes qui remplacent agréablement les commandes MS-DOS.

Comme le reste du centre de contrôle, tout est commandé par des menus déroulants et quelques combinaisons de touches.

Si l'accès au DOS reste possible pour exécuter une commande spécifique, l'intérêt de ce module réside dans:

- ses capacités de présentation du contenu d'un répertoire ou d'une disquette;
- ses commandes de manipulation de fichiers.

La liste des fichiers d'un répertoire reste visible dans la partie principale de l'écran. Les fichiers seront présentés triés, au choix, par ordre de nom, d'extension, de date de dernière mise à jour et de taille.

D'autre part, il est encore possible de sélectionner les fichiers à présenter en utilisant les caractères génériques de MS-DOS (l'astérisque et le point d'interrogation).

Le passage d'un répertoire à l'autre sera facilité par l'affichage (sur demande) de l'arbre des répertoires.

Le menu de manipulation des fichiers propose:

- la copie;
- la suppression;
- le déplacement;
- l'attribution d'un nouveau nom.

Ces commandes agiront sur un seul fichier ou sur les fichiers sélectionnés auparavant à l'écran.

Les utilitaires sont encore complétés par la possibilité de consulter et de mettre à jour des fichiers texte par l'intermédiaire de l'éditeur de texte de dBase (celui qui est utilisé pour l'édition du contenu des champs mémo et des programmes).

3

De dBase IV version 1.0 à la version 1.1

La gestion de la mémoire vive et du disque

La version 1.1 gère la mémoire vive de manière plus économique et plus rapide que la version 1.0.

En effet, la version 1.1 occupe 450 Ko de mémoire vive conventionnelle (la version 1.0 en occupait 516 Ko).

D'autre part, la mémoire étendue (extended memory) et la mémoire paginée (expanded memory) sont maintenant reconnues et utilisées pour stocker les données, ce qui accélère toutes les opérations et notamment permet de limiter les accès au disque dur.

➢ Le cache-disque

Un cache-disque (DBCACHE.EXE) stocke temporairement dans la mémoire les données le plus souvent demandées sur le disque dur. La lecture et la mise à jour de ces données est donc très rapide puisque l'accès à la mémoire vive est quasiment instantané.

Un grand nombre de paramètres permettent de configurer le cache-disque selon votre système et le type de travail que vous réalisez.

Cette configuration peut d'ailleurs être adaptée en cours de travail avec dBase.

Voici quelques-uns parmi les paramètres les plus utilisés:

- Cache pour toutes les unités de disque, y compris les lecteurs de disquettes: /F
- Désactivation du cache: /D
- Réactivation du cache: /E

- Ecriture immédiate des données sur le disque (pour éviter la perte de données, pendant la mise au point de programmes par exemple): /W
- Ecriture des données sur le disque pendant les temps libres: /S

Ce cache-disque peut être installé même quand dBase est en cours de fonctionnement. Mais il sera plus pratique de le placer dans le fichier CONFIG.DB sous la forme:

COMMAND = RUN DBCACHE.

Toute modification à la configuration du cache pourra être exécutée soit par la commande RUN DBCACHE /option, soit en appuyant sur les touches CTRL-ALT et la lettre de l'option.

Comme le cache-disque est résident en mémoire, il risque d'entrer en conflit avec d'autres programmes résidents. Il est dans ce cas indispensable de prévoir l'emplacement du cache-disque par une commande à entrer dans le fichier CONFIG.SYS:

DEVICE=C:\DBASE\DBCINIT.EXE.

Attention, cette commande devra suivre les déclarations de disques (disques virtuels, par exemple) et précéder l'installation des autres progreammes résidents.

➢ La préparation de l'environnement sous MS-DOS

Vous pouvez préciser la proportion de mémoire vive qui sera réservée aux données, le reste étant occupé par les fichiers 'overlays' de dBase, c'est-à-dire les modules auxquels dBase fait appel en cours de fonctionnement et qui devront être lus sur le disque, s'ils ne sont pas situés en mémoire vive. La place qui leur est réservée en mémoire vive n'est donc pas indifférente pour ce qui concerne la vitesse de fonctionnement du logiciel.

Ceci sera préparé par une commande MS-DOS qui pourra faire partie du fichier AUTOEXEC.BAT:

SET DBHEAP=n

n représente le pourcentage de mémoire vive totale réservé aux données. Par défaut, n=50.

On réservera un répertoire pour les fichiers temporaires utilisé par dBase en entrant dans le fichier AUTOEXEC.BAT:

SET DBTMP= <nom du lecteur et du repértoire>.

Si ce lecteur est un disque virtuel en mémoire vive, le fonctionnement de dBase gagnera en rapidité.

Une installation simplifiée

L'installation peut se réaliser selon trois modes:

- l'installation rapide: tous les fichiers (le didacticiel, les exemples et SQL y compris) sont copiés dans le même sous-répertoire;
- l'installation complète: les différents fichiers sont copiés dans les répertoires que vous pouvez spécifier;
- le menu d'installation qui permet de déterminer ce que l'on veut installer, de modifier une installation existante, de modifier les fichiers CONFIG.SYS et AUTOEXEC.BAT et de désinstaller dBase.

Les nouvelles imprimantes

La version 1.1 reconnaît maintenant les imprimantes Postscript et HP Laserjet.

Le fichier POSTSCRI.DLD configure l'imprimante Postscript. Il pourra être mis à jour et modifié pour l'adapter à vos besoins.

Les commandes et les fonctions

La version 1.0 de dBase IV apporte quelques nouveautés et quelques modifications mineures aux commandes et aux fonctions.

Les détails sont expliqués dans le chapitre 2 consacré aux améliorations de dBase IV par rapport à dBase III Plus.

Le fichier de configuration CONFIG.DB

Il accepte quelques paramètres supplémentaires:

- la définition de l'ordre de tri: ASCIISORT ON/off
- l'affichage de l'horloge: NOCLOCK ON/off

Les commandes d'environnement

Il est possible de définir le répertoire par défaut et non plus seulement le lecteur par défaut.

La commande SET DEFAULT est complétée avec SET DIRECTORY.

Le curseur pourra, au choix, être affiché ou non: SET CURSOR ON/off.

Les écrans standards de saisie et de consultation des bases de données

Dans les écrans 'Fichier' et 'Tableau', un nouveau menu s'est ajouté: le menu 'Organise'. La version 1.0 le proposait uniquement dans l'écran de création et de modification de la structure des bases de données.

L'indexation

La commande d'indexation accepte un nouveau complément qui permet de limiter l'index à certains enregistrements filtrés par une condition: INDEX ON ... FOR <condition>

La programmation

La version 1.0 proposait le passage de données à partir des enregistrements d'une base de données vers une variable indicée.

Avec la version 1.1, le transfert depuis une variable indicée vers une base de données est devenu réalisable avec la commande REPLACE FROM ARRAY.

On pourra envoyer à l'avance des caractères dans le tampon clavier au moyen de la commande KEYBOARD.

Les images-écrans

Un tout nouveau système de capture d'écran permet de sauvegarder en mémoire l'image de l'écran pour la restituer plus tard.

Les commandes SAVE SCREEN, RESTORE SCREEN, CLEAR SCREEN et RELEASE SCREEN gèrent ces images.

L'accès au DOS

La fonction RUN() exécute la commande DOS située entre les parenthèses.

Annexe 1:

Les transferts de fichiers entre les différentes versions

De dBaseIII ou dBaseIII+ vers dBaseIV

Tous les fichiers dBase III et dBase III+ sont reconnus sans conversion par dBase IV:

- les fichiers d'index sont utilisés tels quels ou convertis en repères dans le fichier de production;
- les fichiers de vue (extension VUE) sont récupérés par la commande CREATE QUERY;
- les formats d'étiquettes et de rapport (extensions LBL et FRM) sont reconnus par les commandes MODIFY REPORT ET MODIFY LABEL;
- les fichiers d'écran de saisie (extension SCR) sont reconnus par la commande CREATE SCREEN;
- les programmes (extension PRG) sont lus par la commande MODIFY COMMAND;
- les fichiers de variables mémoire (extension MEM) sont lus par la commande RESTORE.

Les index NDX peuvent être récupérés tels quels par dBase IV mais comme les fichiers d'index multiples (MDX) sont tellement faciles à utiliser, il serait dommage de s'en priver. dBase IV propose la commande nécessaire aux conversions:

COPY INDEXES <liste de fichiers .NDX>
[TO <fichier .MDX>]

La liste des fichiers NDX peut en comporter un maximum de 47. Si l'option TO <fichier MDX> n'est pas précisée, les nouveaux repères seront créés dans le fichier d'index multiple de même nom que la base de données active.

De dBase IV vers dBase III ou dBase III+

Dès qu'elle a été ouverte en dBase IV, une base de données ne peut plus être utilisée sous dBase III ou dBase III+, à moins de copier le fichier (sous dBase IV) en le convertissant au format dBase III au moyen de la commande:

COPY TO <nom de fichier> TYPE DBMEMO3

Notez que:

- le type de données 'flottant', inexistant en dBase III est converti en type numérique;
- le fichier contenant le champ mémo (extension DBT) est également converti;
- le fichier de production contenant les repères d'index est perdu: il faudra recréer les index ou convertir les repères d'index en index NDX (voyez ci-dessous).

➢ Pour convertir un repère d'un fichier d'index multiples en un fichier NDX:

COPY TAG <nom de repère>
[OF <fichier .MDX>]
TO <fichier .NDX>

Tous les autres fichiers (écrans de saisie, formats d'étiquettes et de rapports, extraction) ne sont pas réutilisables par dBase III+, puisqu'ils sont créés par des commandes inexistantes dans cette version.

Il est cependant possible de créer, sous dBase IV une vue réutilisable par dBase III+, au moyen de la commande:

CREATE VIEW <nom du fichier vue>
FROM ENVIRONMENT

Annexe 2:

De dBase III+ à dBase IV 1.1: Syntaxe des commandes et des fonctions

Conventions

dBIII+	nouveauté apportée par dBaseIII+.
dBIV 1.0	nouveauté apportée par dBase IV version 1.0
dBIV 1.1	nouveauté de la version 1.1 de dBase IV.
(dBIII+)	amélioration apportée par dBase III+ à une commande existant déjà sous dBase III.
(dBIV 1.0)	amélioration de la version 1.0 de dBase IV par rapport à dBase III+.
(dBIV 1.1)	amélioration de la version 1.1 de dBase IV par rapport à la version 1.0.

Dans le cas d'une commande améliorée, la syntaxe complète est reprise mais seules les améliorations sont en caractères gras.

Les commandes

?/?? [<expression>] **(dBIV 1.0)**
[PICTURE <format>]
[FUNCTION <format>]
[AT <colonne>]
[STYLE <numéro de police>/<attribut>]
[, <expression> ...]

Affiche ou imprime l'expression selon le format mentionné

??? <code de contrôle> **dBIV 1.0**

Envoie à l'imprimante des codes de contrôle

@ <ligne>,<colonne> CLEAR **dBIII+**
TO <ligne>,<colonne>

Efface la zone indiquée.

@ <ligne>,<colonne> FILL **dBIV 1.0**
TO <ligne>,<colonne>
[COLOR <attribut de couleur>]

Colorie la zone indiquée.

@ <ligne>,<colonne> **(dBIV 1.0)**
SAY <expression> [PICTURE **<format>**]
[FUNCTION <format>]
GET <variable> [PICTURE **<format>**]
[RANGE <expression numér.>,<expression numér.>]
[REQUIRED] [CLEAR]
[[OPEN] WINDOW <nom de fenêtre>]
[WHEN <condition>]
[DEFAULT <expression>]
[MESSAGE <expression caractère>]
[COLOR [<standard>,<rehaussé>]

Affiche et saisit des données à l'écran.

@ <ligne>,<colonne> **dBIII+**
TO <ligne>,<colonne>
[DOUBLE/PANEL/<caractère de bordure>]
[COLOR <attribut de couleur>

Encadre la zone indiquée.

ACTIVATE MENU **dBIV 1.0**
<nom du menu> [PAD <nom d'option>]

Affiche et active un menu horizontal préalablement défini par la commande DEFINE MENU.

ACTIVATE POPUP <nom du menu> **dBIV 1.0**

Affiche et active un menu vertical préalablement défini par la commande DEFINE POPUP.

ACTIVATE SCREEN **dBIV 1.0**

Réactive l'affichage sur l'entièreté de l'écran sans pour autant effacer les fenêtres et les menus.

ACTIVATE WINDOW **dBIV 1.0**
<liste de noms de fenêtres>/ALL

Affiche les fenêtres précisées dans la liste (ou toutes les fenêtres présentes en mémoire) et active la dernière définie.

APPEND FROM <nom de fichier> **(dBIII+)**
[FOR <condition>]
[[TYPE] <type de fichier>]

Ajoute à la fin de la base de données active des enregistrements issus du fichier indiqué.

APPEND FROM ARRAY **dBIV 1.0**
<nom de la variable dimensionnée>
[FOR <condition>]

Ajoute des enregistrements à la fin de la base de données active, à partir du contenu de la variable dimensionnée.

APPEND MEMO **dBIV 1.0**

<nom du champ mémo>
FROM <nom de fichier>
[OVERWRITE]

Ajoute tout le contenu du fichier dans le champ mémo spécifié de l'enregistrement courant.

Si l'option OVERWRITE est précisée, le champ mémo est nettoyé au préalable.

ASSIST **(dBIII+) (dBIV 1.0)**

Donne accès au mode 'Assist' (le centre de contrôle sous dBase IV).

AVERAGE **(dBIV 1.0)**

<liste de champs numériques>
[<étendue>] [FOR/WHILE <condition>]
[TO <liste de variables>
/TO ARRAY <nom de variable dimensionnée>]

Calcule la moyenne du contenu des champs mentionnés et envoie les résultats vers les variables indiquées.

BEGIN TRANSACTION **dBIV 1.0**

[<nom de chemin>]

Demande à dBase IV d'enregistrer les prochaines opérations sur les bases de données dans un fichier de transaction (extension LOG).

Pour être effectives, les commandes BEGIN TRANSACTION et END TRANSACTION doivent être contenues dans la même procédure ou dans le même fichier de commandes.

BROWSE (dBIII+)

[FIELDS <liste de champs>]
[FREEZE <nom de champ>]
[LOCK <nombre de colonnes>]
[NOFOLLOW] [NOAPPEND]
[NOMENU]
[WIDTH <largeur des colonnes>]

BROWSE (dBIV 1.0)

[FIELDS <liste de champs> **[/R] [/<largeur de la colonne>] / <nom de champ calculé> = <expression>**]
[FREEZE <nom de champ>]
[LOCK <nombre de colonnes>]
[WIDTH <largeur des colonnes>]
[NOFOLLOW] [NOAPPEND] [NOMENU]
[NOEDIT] [NODELETE]
[NOINIT] [NOCLEAR] [COMPRESS]
[FORMAT] [WINDOW <nom de la fenêtre>]

Affichage et mise à jour d'une base de données présentée sous forme de tableau.

CALCULATE dBIV 1.0

[<étendue>] <liste d'options>
[FOR <condition>] [WHILE <condition>]
[TO <liste de variables>
/TO ARRAY <nom de variable dimensionnée>]

Traite les enregistrements concernés de la base de données active et calcule les fonctions de la liste d'options. Il s'agit de la fonction financière NPV() ainsi que des fonctions statistiques AVG(), CNT(), MAX(), MIN(), STD(), SUM() et VAR().

CALL <nom du programme> **dBIII+**
[WITH <liste d'expressions caractères>
/variable

Exécute un programme binaire, chargé au péalable avec la commande LOAD.

CHANGE **(dBIV 1.0)**
[FIELDS <liste de champs>]
[<étendue>] [FOR/WHILE <condition>]
[NOINIT] [NOCLEAR] [NOFOLLOW]
[NOAPPEND] [NOMENU] [NOEDIT]
[NODELETE]

Affichage et mise à jour d'une base de données, enregistrement par enregistrement.

CLEAR FIELDS **dBIII+**

Débloque les champs protégés par la commande SET FIELDS TO.

CLEAR MENUS **dBIV 1.0**

Supprime de la mémoire et de l'écran tous les menus horizontaux.

CLEAR POPUPS **dBIV 1.0**

Supprime de la mémoire et de l'écran tous les menus déroulants.

CLEAR SCREEN **dBIV 1.1**

Supprime de la mémoire vive toutes les images-écrans créées auparavant par la commande SAVE SCREEN.

CLEAR WINDOWS **dBIV 1.0**

Désactive toutes les fenêtres; les efface de l'écran et de la mémoire. Les éléments cachés sont réaffichés.

COMPILE <nom de fichier> [RUNTIME] **dBIV 1.0**

Compile un fichier de commandes(PRG) pour créer un fichier-programme objet (DBO) de même nom, exécutable sous dBase ou sous la version Run Time.

CONVERT [TO <expression numérique>] **dBIV 1.0**

Ajoute à la structure du fichier le champ _DBASELOCK qui contient les informations concernant le verrouillage des fichiers partagés dans un environnement multi-utilisateurs.

COPY TO <nom de fichier> **(dBIII+) (dBIV 1.0)**
[FIELDS <liste de champs>]
[FOR/WHILE <condition>] [<étendue>]
[[TYPE] <type de fichier>]

COPY TO <nom de fichier> **(dBIV 1.1)**
[FIELDS <liste de champs>]
[FOR/WHILE <condition>] [<étendue>]
[[TYPE] <type de fichier>]
[WITH PRODUCTION]

Copie des enregistrements de la base de données active dans un nouveau fichier.

COPY INDEXES **dBIV 1.0**
<liste de fichiers .NDX>
TO <nom de fichier MDX>

Convertit une liste de fichiers NDX en repères de fichier MDX.

COPY MEMO <nom de champ mémo> **dBIV 1.0**
TO <nom de fichier> [ADDITIVE]

Copie le contenu du champ mémo dans un fichier-texte ou ajoute le contenu du champ mémo à ce fichier si la clause ADDITIVE est spécifiée.

COPY TAG <repère .MDX> **dBIV 1.0**
[OF <nom de fichier MDX>]
TO <nom de fichier NDX>

Convertit un repère d'index multiple (MDX) en un fichier d'index NDX.

COPY TO ARRAY **dBIV 1.0**
<nom de variable indicée>
FIELDS <liste de champs>][<étendue>]
[FOR/WHILE <condition>]

Copie les contenus des champs des enregistrements de la base de données active dans la variable indicée.

CREATE APPLICATION **dBIV 1.0**
<nom de fichier>

Donne accès au générateur d'applications.

CREATE QUERY **dBIII+ (dBIV 1.0)**
<nom de fichier>

Donne accès à l'écran d'extraction (Query By Example).

CREATE SCREEN **dBIII+ (dBIV 1.0)**
<nom de fichier>/?

Crée un écran de saisie.

CREATE VIEW <nom de fichier>/? FROM ENVIRONMENT — dBIII+

Crée un fichier d'extraction compatible avec dBase III+.

DEACTIVATE MENU — dBIV 1.0

Désactive le menu horizontal actif et l'efface de l'écran sans pour autant le supprimer de la mémoire.

DEACTIVATE POPUP — dBIV 1.0

Désactive le menu déroulant actif et l'efface de l'écran sans pour autant le supprimer de la mémoire.

DEACTIVATE WINDOW <liste de noms de fenêtres>/ALL — dBIV 1.0

Désactive et efface de l'écran les fenêtres mentionnées (ou toutes les fenêtres). Les fenêtres désactivées ne sont pas supprimées de la mémoire vive et peuvent donc être réactivées à tout moment.

DEBUG <fichier de commandes> /<nom de procédure> [WITH <liste de paramètres>] — dBIV 1.0

Appelle le module de mise au point des programmes.

DECLARE <nom de variable indicée> [{nombre de lignes},{nombre de colonnes}] {,<nom de variable indicée>...} — dBIV 1.0

Crée des variables indicées et réserve l'espace mémoire nécessaire à tous leurs éléments.

DEFINE BAR <n° de ligne> **dBIV 1.0**

OF <nom de menu déroulant>
PROMPT <expression caractère> [MESSAGE <expression caractère>]
[SKIP [FOR <condition]]

Définit une option de menu vertical, déclaré au préalable avec DEFINE POPUP.

DEFINE BOX FROM **dBIV 1.0**

<colonne d'impression>
TO <colonne d'impression>
HEIGHT <expression numérique>
[AT LINE <ligne d'impression>]
[SINGLE/DOUBLE
/<chaîne de bordure du cadre>]

Définit pour l'impression les paramètres d'un cadre.

DEFINE MENU <nom de menu> **dBIV 1.0**

[MESSAGE <expression caractère>]

Définit un menu horizontal.

DEFINE PAD **dBIV 1.0**

<nom d'option> OF <nom de menu>
PROMPT <expression caractère>
[AT <ligne>,<colonne>]
[MESSAGE <expression caractère>]

Définit une option de menu horizontal déclaré avec DEFINE MENU.

DEFINE POPUP **dBIV 1.0**

<nom de menu vertical>
FROM <ligne1>,<colonne1>
[TO <ligne2>, <colonne2>]
[PROMPT FIELD <nom de champ>
/PROMPT FILES [LIKE<masque>]
/PROMPT STRUCTURE]
[MESSAGE <expression caractère>]

Définit un menu vertical.

DEFINE WINDOW **dBIV 1.0**

<nom de fenêtre>
FROM <ligne1>,<colonne1>
TO <ligne2>,<colonne2>
[DOUBLE/PANEL/NONE
/<chaîne de bordure du cadre>]
[COLOR [<standard>][,<rehaussé>][,<encadrement>]]

Définit le nom, l'emplacement, la taille et l'apparence d'une fenêtre à l'écran.

DELETE TAG **dBIV 1.0**

<nom de repère d'index 1>
[OF <nom de fichier .MDX>]
/<nom de fichier .NDX 1>
[,<nom de repère d'index 2> ...]

Supprime les repères d'un fichier d'index multiple ou ferme les fichiers d'index mentionnés.

DISPLAY FILES **(dBIV 1.0)**

[LIKE <nom de fichier>.<extension>]
[TO PRINT/**TO FILE <nom de fichier>**]

Affiche les noms des fichiers de bases de données présents sur le disque.

DISPLAY HISTORY **dBIII+**

[LAST <nombre de commandes>]
[TO PRINT/TO FILE <nom de fichier>]

Affiche la liste des dernières commandes exécutées.

DISPLAY USERS **dBIII+**

Affiche la liste des utilisateurs de dBase dans un environnement multi-utilisateurs.

EDIT **(dBIII+)**

[FIELDS <liste de champs>]
[<étendue>] [FOR/WHILE <condition>]

EDIT **(dBIV 1.0)**

[FIELDS <liste de champs>]
[<étendue>] [FOR/WHILE <condition>]
[NOINIT] [NOCLEAR] [NOFOLLOW]
[NOAPPEND] [NOMENU] [NOEDIT]
[NODELETE]

Affichage et mise à jour d'une base de données, enregistrement par enregistrement.

EJECT PAGE **dBIV 1.0**

Provoque l'avancement de la tête d'impression jusqu'au numéro de ligne spécifié par ON PAGE ou, à défaut, au début de la page suivante.

ENDPRINTJOB **dBIV 1.0**

Termine une tâche d'impression commencée avec PRINTJOB.

ENDSCAN **dBIV 1.0**

Termine la boucle SCAN active.

END TRANSACTION **dBIV 1.0**

Termine la transaction active.

EXPORT TO <nom de fichier> **dBIII+**
[[TYPE] <format>]

Copie le fichier de base de données actif en un fichier utilisable par un autre logiciel.

FUNCTION <nom de procédure> **dBIV 1.0**

Définit une fonction personnalisée.

GO <numéro d'enregistrement>/ **(dBIV 1.0)**
TOP/BOTTOM/
[IN <alias>]

Déplace le pointeur d'enregistrements.

HELP **(dBIV1.0)**

Donne accès au système d'aide.

IMPORT FROM <nom de fichier> **dBIII+**
[[TYPE] <format>]

Importe des données issues d'un autre logiciel pour en créer un fichier dBase.

INDEX ON <expression clé> **(dBIII+)**
TO <nom de fichier d'index NDX>
[UNIQUE]

INDEX ON <expression clé> **(dBIV 1.0)**
TO <nom de fichier d'index NDX>
/TAG <repère d'index multiple>
[OF <nom de fichier d'index multiple MDX]
[UNIQUE] **[DESCENDING]**

INDEX ON <expression clé> **(dBIV 1.1)**
TO <nom de fichier d'index NDX>
/TAG <repère d'index multiple>
[OF <nom de fichier d'index multiple MDX]
[UNIQUE] [DESCENDING]
[FOR <condition>]

Créer un index (ou un repère d'index) basé sur l'expression clé.

KEYBOARD <expression caractèreC> **dBIV 1.1**
[CLEAR]

Entre dans le tampon clavier la liste des touches indiquée que dBase lira ensuite dès qu'est exécutée une commande qui accepte des entrées au clavier.

LIST FILE **dBIII+**

Voir DISPLAY FILE.

LIST HISTORY **dBIII+**
[LAST <nombre de commandes>]
[TO PRINT/TO FILE <nom de fichier>]

Voir DISPLAY HISTORY.

LIST USERS **dBIII+**

Voir DISPLAY USERS.

LOAD <nom de fichier binaire> **dBIII+**

Charge en mémoire un programme binaire.

LOGOUT **dBIII+**

Termine la session de travail d'un utilisateur en mode multi-utilisateurs.

MODIFY APPLICATION **dBIV 1.0**

Voir CREATE APPLICATION.

MODIFY QUERY **dBIII+ (dBIV 1.0)**

Voir CREATE QUERY.

MODIFY SCREEN **dBIII+**

Voir CREATE SCREEN.

MOVE WINDOW **dBIV 1.0**

<nom de fenêtre>
TO <ligne>,<colonne>
/BY <nombre lignes>,<nombre colonnes>

Déplace une fenêtre sur l'écran.

ON ERROR <commande> **dBIII+**

Exécute la commande en cas d'erreur.

ON ESCAPE <commande> **dbIII+**

Exécute la commande en cas d'appui sur la touche 'Echap'.

ON KEY [LABEL <nom de touche>] **dBIII+**
[<commande>]

Exécute la commande en cas d'appui sur la touche indiquée.

ON PAD **dBIV 1.0**

<nom d'option>
OF <nom de menu horizontal>
[ACTIVATE POPUP <nom de menu vertical>

Définit quel menu vertical doit être activé lors d'une sélection au sein d'un menu horizontal.

ON PAGE **dBIV 1.0**

[AT LINE <expression numérique>
<commande>]

Exécute la commande indiquée quand l'imprimante atteint la ligne mentionnée.

ON READERROR [<commande>] **dBIV 1.0**

Exécute la commande lorsque l'utilisateur introduit, au cours d'une saisie plein écran, une date non valable ou une valeur erronée par rapport aux clauses RANGE ou VALID.

ON SELECTION PAD **dBIV 1.0**

<nom d'option>
OF <nom de menu horizontal> [<commande>]

Définit quelle commande exécuter lorsqu'est sélectionnée une option d'un menu horizontal, préalablement défini et activé.

ON SELECTION POPUP **(dBIV 1.1)**

<nom d'un menu vertical>
/ ALL [<commande>] **[BLANK]**

Définit quelle commande exécuter lorsque une option d'un menu vertical, préalablement défini et activé, est sélectionnée.

PLAY MACRO <nom de macro> **dBIV 1.0**

Exécute la macro-instruction désignée.

PRINTJOB **dBIV 1.0**

Exécute un ensemble de commandes d'impression jusqu'à ENDPRINTJOB.

PROTECT **dBIII+**

Donne accès à l'utilitaire contenant les procédures de sécurité des données.

PUBLIC <liste de variables> **(dBIV 1.0)**
/ARRAY <liste de variables dimensionnées>

Déclare des variables globales.

RELEASE MENUS **dBIV 1.0**
[<liste de menus horizontaux>]

Supprime de la mémoire les menus horizontaux désignés.

RELEASE MODULE **dBIII+**
<liste de programmes binaires>

Supprime de la mémoire les programmes binaires mentionnés.

RELEASE POPUPS **dBIV 1.0**
<liste de menus verticaux>

Supprime de la mémoire les menus verticaux désignés.

RELEASE SCREEN **dBIV 1.1**
<liste d'écrans>

Supprime de la mémoire la liste d'écrans créés avec la commande SAVE SCREEN.

RELEASE WINDOWS **dBIV 1.0**
<liste de fenêtres>

Supprime de la mémoire les fenêtres indiquées.

REPLACE FROM ARRAY **dBIV 1.1**
<nom de variable indicée> [<étendue>]
[FIELDS <liste de champs>]
[FOR <condition>] [WHILE <condition>]

Remplace les valeurs des champs de la base de données active par les valeurs de la variable indicée spécifiée.

RESET [IN <alias>] **dBIV 1.0**

Remet à zéro le repère d'intégrité de transaction.

RESTORE MACROS **dBIV 1.0**
FROM <nom de fichier>

Recharge en mémoire vive les macro-instructions contenues dans le fichier spécifié.

RESTORE SCREEN **dBIV 1.1**
FROM <nom d'écran>

Affiche l'écran sauvegardé au préalable en mémoire vive sous le nom indiqué.

RESTORE WINDOW **dBIV 1.0**

<liste de fenêtres>/ALL
FROM <nom de fichier>

Charge en mémoire vive les fenêtres définies dans le fichier mentionné.

RESUME **dBIII+**

Poursuit l'exécution d'un programme interrompu par SUSPEND.

RETRY **dBIII+**

Exécute à nouveau la commande qui a provoqué une erreur.

RETURN **(dBIV 1.0)**

[<expression> /TO MASTER
/TO PROCEDURE <nom de procédure>]

Fin de procédure, de programme ou de fonction définie par l'utilisateur.

ROLLBACK [<base de données>] **dBIV 1.0**

Rétablit la base de données et les index dans l'état où ils se trouvaient avant le début de la transaction active.

SAVE MACROS TO <fichier macro> **dBIV 1.0**

Sauvegarde toutes les macro-instructions en mémoire dans un fichier portant l'extension KEY.

SAVE SCREEN TO <nom d'écran> **dBIV 1.1**

Capture l'écran et le sauvegarde en mémoire vive sous le nom indiqué.

SAVE WINDOW **dBIV 1.0**

<liste de fenêtres>/ALL TO <fichier>

Sauvegarde les fenêtres précisées dans le fichier mentionné (extension WIN).

SCAN **dBIV 1.0**

[<étendue>] [FOR <condition>]
[WHILE <condition>] [<commandes>]
[EXIT] [LOOP]
ENDSCAN

Crée une boucle de traitement des enregistrements concernés de la base de données.

SET ALTERNATE TO **(dBIV 1.0)**

<nom de fichier> **[ADDITIVE]**

Enregistre tout ce qui est affiché à l'écran dans le fichier indiqué, dès que SET ALTERNATE ON est exécuté.

SET AUTOSAVE on/OFF **dBIV 1.0**

Les modifications apportées aux enregistrements sont immédiatement sauvegardées sur le disque (ON).

SET BELL TO **dBIV 1.0**

[<fréquence>,<durée>]

Détermine la fréquence et la durée du bip.

SET BLOCKSIZE TO **dBIV 1.0**

<expression numérique>

Modifie la taille des blocs pour la sauvegarde des champs mémo.

SET BORDER TO **dBIV 1.0**
[SINGLE/DOUBLE/PANEL/NONE
/<caractère d'encadrement>]

Modifie l'encadrement pour les fenêtres et les menus.

SET CATALOG on/OFF **dBIII+**

Met en service le catalogue ouvert: les fichiers ouverts y seront intégrés.

SET CATALOG TO **dBIII+**
[<nom de fichier catalogue>/?]

Ouvre ou crée le catalogue indiqué.

SET CENTURY on/OFF **dBIII+**

Affiche les dates au format jj/mm/aaaa (ON) ou jj/mm/aa (OFF).

SET CLOCK ON/off **dBIV 1.0**

Affiche en permanence l'heure à l'écran (ON).

SET CLOCK TO **dBIV 1.0**
[<ligne>,<colonne>]

Modifie l'emplacement de l'heure sur l'écran.

SET COLOR OF **dBIV 1.0**
NORMAL/MESSAGE/TITLES/BOX/
HIGHLIGHT/INFORMATION/FIELDS
TO <ATTRIBUT DE COULEUR>

Détermine la couleur d'affichage de la zone mentionnée.

SET CURRENCY LEFT/right **dBIV 1.0**

Détermine l'emplacement du symbole monétaire par rapport aux valeurs.

SET CURRENCY **dBIV 1.0**
TO <expression caractère>

Définit le symbole monétaire.

SET CURSOR ON/off **dBIV 1.1**

Détermine si le curseur doit être affiché ou non.

SET DATE AMERICAN/ANSI **(dBIV 1.0)**
/FRENCH/GERMAN/ITALIAN
/MDY/DMY/YMD/JAPAN/USA

Détermine le format d'affichage des dates.

SET DBTRAP ON/off **dBIV 1.1**

Fournit un ensemble de protection contre les modifications d'environnement (entraînant des erreurs de programme) lorsqu'une commande est interrompue pour exécuter une deuxième commande.

SET DESIGN ON/off **dBIV 1.0**

Autorise (ON) ou interdit (OFF) l'accès aux écrans de création.

SET DEVELOPMENT ON/off **dBIV 1.0**

Recompilation d'un fichier source après modification (ON).

SET DEVICE TO **(dBIV 1.0)**
SCREEN/PRINT/**FILE <nom de fichier>**

Envoie le résultat des commandes @ vers le périphérique mentionné.

SET DIRECTORY TO **dBIV 1.1**
[[<unité de disque>]
[<chemin de répertoires>]]

Détermine le répertoire par défaut.

SET DISPLAY TO **dBIV 1.0**
MONO/COLOR/EGA25/EGA43/MONO43

Détermine le type d'affichage.

SET DOHISTORY on/OFF **dBIII+**

Permet de conserver les dernières commandes exécutées par un programme. Cette commande n'est plus utilisée en dBase IV.

SET ENCRYPTION ON/off **dBIII+**

Permet d'obtenir une copie décryptée d'un fichier crypté (OFF).

SET FIELDS on/OFF **dBIII+**

Limite l'accès aux champs spécifiés par la commande SET FIELDS TO.

SET FIELDS TO **dBIII+ (dBIV 1.0)**
ALL/<nom de champ>**[/R]** [,<nom de champ>...]
[<nom de champ calculé]

Pose un filtre sur les champs de la base de données active.

SET FILTER TO **(dBIII+)**
[<condition>] **[FILE <nom de fichier>]**

Filtre les enregistrements de la base de données active.

SET FULLPATH on/OFF **dBIV 1.0**

Les fonctions DBF() et NDX() retourneront le chemin complet d'accès aux fichiers (ON).

SET HISTORY ON/off **dBIII+**

Conserve en mémoire les dernières commandes exécutées en mode direct (ON).

SET HISTORY TO **dBIII+**
<expression numérique>

Détermine le nombre de commandes en mode direct à mémoriser.

SET HOURS TO [12/24] **dBIV 1.0**

Définit le format d'affichage de l'heure.

SET INDEX TO **(dBIII+)**
<liste de fichiers d'index NDX>
[ORDER <fichier d'index NDX>]

SET INDEX TO **(dBIV 1.0)**
<liste de fichiers d'index NDX>
[ORDER <fichier d'index NDX>
/TAG <repère d'index multiple>
[OF <fichier MDX]

Ouvre les index NDX (ou les index multiples MDX) mentionnés.

SET INSTRUCT ON/off **dBIV 1.0**

Ouvre une fenêtre de commandes quand on sélectionne un fichier dans le centre de contrôle.

SET LOCK ON/off **dBIV 1.0**

Verrouillage automatique d'enregistrements dans un environnement multi-utilisateurs.

SET MARK TO <caractère> **dBIV 1.0**

Détermine le séparateur utilisé dans les dates.

SET MEMOWIDTH TO **dBIV 1.0**
<expression numérique>

Définit la largeur d'affichage des champs mémo.

SET MESSAGE TO **dBIII+ (dBIV 1.1)**
[<expression caractère>
[AT <ligne>,<colonne>]]

Affiche un message à l'emplacement indiqué si SET STATUS est ON.

SET NEAR on/OFF **dBIV 1.0**

En cas d'échec dans une recherche sur la clé d'index, le pointeur est positionné sur l'enregistrement suivant celui qui se rapproche le plus de l'objet de la recherche.

SET ODOMETER TO **dBIV 1.0**
<expression numérique>

Définit l'intervalle de l'affichage du compteur d'enregistrements à l'écran, lors de commandes telles que COPY, RECALL, ...

SET ORDER TO **dBIII+ (dBIV 1.0)**

[<expression numérique>
/fichier d'index NDX
/TAG <repère d'index multiple>
[OF <fichier d'index multiple MDX]]

Détermine l'index maître.

SET POINT TO **dBIV 1.0**

<expression caractère>

Définit le séparateur décimal pour l'affichage des nombres.

SET PRECISION TO **dBIV 1.0**

<expression numérique>

Définit la précision de calcul utilisée dans les opérations mathématiques.

SET REFRESH TO **dBIV 1.0**

<expression numérique>

Définit l'intervalle de rafraîchissement des écrans BROWSE et EDIT dans un environnement multi-utilisateurs.

SET REPROCESS TO **dBIV 1.0**

<expression numérique>

Définit (dans un environnement multi-utilisateurs) le nombre de tentatives d'accès à un fichier verrouillé avant de recevoir un message d'erreur.

SET SEPARATOR TO **dBIV 1.0**
<expression caractère>

Détermine le caractère employé comme séparateur des milliers.

SET SKIP TO **dBIV 1.0**
[<nom d'alias> [,<nom d'alias>...]]

Donne accès à tous les enregistrements d'une base de données fille quand une relation a été établie par SET RELATION TO.

SET SPACE ON/off **dBIV 1.0**
<expression numérique>

Introduit un espace entre les valeurs affichées avec ? ou ?? (ON).

SET SQL on/OFF **dBIV 1.0**

Donne accès au module SQL.

SET STATUS ON/off **dBIII+**

Affiche la ligne d'état dans le bas de l'écran (ON).

SET TITLE ON/off **dBIII+**

Demande les commentaires pour les nouveaux fichiers introduits dans un catalogue.

SET TRAP on/OFF **dBIV 1.0**
<expression numérique>

Active le “débogueur” en cas d'erreur dans un programme ou d'appui sur la touche ‘Echap’ quand SET ESCAPE est OFF.

SET TYPEAHEAD TO **dBIV 1.0**
<expression numérique>

Définit la taille de la mémoire tampon du clavier.

SET VIEW TO **dBIII+ (dBIV 1.0)**
<nom du fichier d'extraction>
/<nom du fichier vue>

Exécute l'extraction ou établit la vue.

SET WINDOW OF MEMO TO **dBIV 1.0**
<nom de fenêtre>

Utilise la fenêtre indiquée pour l'affichage des champs mémo.

SHOW MENU <nom de menu> **dBIV 1.0**
PAD [<nom de repère>]

Affiche à l'écran (sans pour autant l'activer) un menu horizontal, défini au préalable.

SHOW POPUP <nom de menu vertical> **dBIV 1.0**

Affiche à l'écran (sans pour autant l'activer) un menu vertical, défini au préalable.

SKIP [[+/-] **(dBIV 1.0)**
<expression numérique>] **[IN <alias>]**

Déplace le pointeur d'enregistrement.

SUM [<étendue>][<liste d'expressions>] **(dBIV 1.0)**
[TO <liste de variables>
[FOR/WHILE <condition>]
/TO ARRAY <variable dimensionnée>]

Calcule la somme des expressions.

SUSPEND **dBIII+**

Interrompt momentanément l'exécution d'un programme.

TYPE <nom de fichier-texte> **(dBIV 1.0)**
[NUMBER]
[TO PRINTER]

Affiche le contenu du fichier-texte avec, éventuellement, les numéros de lignes.

UNLOCK **dBIII+ (dBIV 1.0)**
[ALL/IN <alias>]

Annule le verrouillage des enregistrements et des fichiers dans un environnement multi-utilisateurs.

USE **(dBIII+)**
[<nom de base de données>/**?**]
[INDEX <liste d'index NDX>]
[ALIAS <nom d'alias>]
[EXCLUSIVE]

USE **(dBIV 1.0)**
[<nom de base de données>]
[IN <nom d'alias>]
[[INDEX <liste d'index NDX>]
[ORDER [TAG] <nom de fichier NDX>
/<nom de repère MDX>
[OF nom de fichier d'index MDX>]]
[ALIAS <nom d'alias>]
[EXCLUSIVE]
[NOUPDATE] [AGAIN]

Ouvre une base de données.

Les fonctions

ABS(valeur numérique) **dBIII+**

Renvoie la valeur absolue.

ACCESS() **dBIV 1.0**

Renvoie le niveau d'accès de l'utilisateur (1 à 8); lorsque l'utilitaire PROTECT est actif (dans un environnement multi-utilisateurs).

ACOS(<expression numérique>) **dBIV 1.0**

Renvoie la valeur d'un angle de cosinus donné.

ALIAS(<expression numérique>) **dBIV 1.0**

Renvoie le nom d'alias de la base de données ouverte dans la zone précisée.

ASIN(<expression numérique>) **dBIV 1.0**

Renvoie la valeur d'un angle de sinus donné.

ATAN(<expression numérique>) **dBIV 1.0**

Renvoie la valeur d'un angle de tangente donnée.

ATN2(<expression numérique>, **dBIV 1.0**
<expression numérique>)

Renvoie la valeur d'un angle de sinus et de cosinus donnés.

BAR() **dBIV 1.0**

Renvoie le numéro de la dernière ligne sélectionnée d'un menu vertical.

CALL(<nom de fichier binaire>,) **dBIV 1.0**
<expression caractère>/liste de variables>

Exécute le programme binaire indiqué.

CEILING(<expression numérique>) **dBIV 1.0**

Renvoie le plus petit nombre entier plus grand ou égal à l'expression numérique précisée.

CERROR() **dBIV 1.1**

Renvoie le numéro correspondant au message de la dernière erreur de compilation.

CHANGE() **dBIV 1.0**

Renvoie la valeur logique VRAI si un enregistrement a été modifié (dans un environnement multi-utilisateurs).

COMPLETED() **dBIV 1.0**

Renvoie la valeur logique VRAI lorsqu'une transaction s'est correctement exécutée.

La valeur logique FAUX est renvoyée à partir de l'exécution d'une commande BEGIN TRANSACTION et jusqu'à la fin de la transaction.

COS(<expression numérique>) **dBIV 1.0**

Renvoie le cosinus de l'angle précisé.

DBF([<nom d'alias>]) **dBIII+ (dBIV 1.0)**

Renvoie le nom de la base de données active.

DELETED([<nom d'alias>]) **(dBIV 1.0)**

Renvoie la valeur logique VRAI si l'enregistrement pointé est marqué pour la suppression.

DIFFERENCE(<expression caractère>, <expression caractère>) **dBIV 1.0**

Renvoie un nombre de 0 à 4 qui indique la similitude phonétique entre deux chaînes de caractères.

DISKSPACE() **dBIII+**

Renvoie l'espace disponible sur le disque par défaut.

DMY(<expression date>) **dBIV 1.0**

Convertit la date précisée en une chaîne de caractères au format jj mois aa.

DTOR(<expression numérique>) **dBIV 1.0**

Convertit le nombre de degrés précisés en radians.

DTOS(<expression date>) **dBIV 1.0**

Convertit la date précisée en chaîne de caractères au format aaaammjj.

ERROR() **dBIII+**

Renvoie le numéro de la dernière erreur quand ON ERROR est active.

FIELD(<expression numérique> **[,<nom d'alias>])** **dBIII+ (dBIV 1.0)**

Renvoie le nom du champ dont le numéro d'ordre dans la structure est mentionné.

FIXED(<expression numérique>) **dBIV 1.0**

Convertit l'expression numérique de type ‘virgule flottante’ (F) en type numérique fixe (N).

FKLABEL(<expression numérique>) **dBIII+**

Renvoie le nom de la touche (ou de la combinaison de touches) de fonction dont le code est indiqué.

FKMAX() **dBIII+**

Renvoie le nombre de touches de fonction disponibles.

FLOAT(<expression numérique>) **dBIV 1.0**

Convertit l'expression numérique de type numérique fixe (N). en type 'virgule flottante'(F).

FLOCK([<nom d'alias>]) **dBIII+ (dBIV 1.0)**

Dans un environnement multi-utilisateurs, renvoie la valeur logique FAUX si le fichier est verrouillé par un autre utilisateur. Sinon dBase verrouille le fichier et la fonction renvoie la valeur logique VRAI.

FLOOR(<expression numérique>) **dBIV 1.0**

Renvoie le plus grand nombre entier inférieur ou égal à l'expression numérique précisée.

FOUND([<nom d'alias>]) **dBIII+ (dBIV 1.0)**

Renvoie la valeur logique VRAI quand une recherche avec FIND, LOCATE ou SEEK a abouti.

FV(<versement>,<taux d'intérêt>, **dBIV 1.0**
<nombre de périodes>)

Renvoie la valeur future pour les trois arguments précisés.

GETENV("COMSPEC"/"PATH"/"PROMPT") dBIV 1.0

Fournit des informations sur la variable de l'environnement DOS indiquée.

IIF(<condition>,<expression si VRAI>, <expression si faux> dBIII+

Renvoie l'expression correspondant au résultat du test.

INKEY([<expression numérique>]) dBIII+ (dBIV 1.0)

Renvoie le code de la dernière touche frappée au clavier, après une attente éventuelle du nombre de secondes mentionné.

ISALPHA (<expression caract.>) dBIII+

Renvoie la valeur logique VRAI si le premier caractère de la chaîne de caractères est une lettre.

ISCOLOR() dBIII+

Renvoie la valeur logique VRAI si l'ordinateur est équipé d'un écran couleurs.

ISLOWER(<expression caractères>) dBIII+

Renvoie la valeur logique VRAI si le premier caractère de la chaîne de caractères est une minuscule.

ISMARKED([<nom d'alias>]) dBIV 1.0

Renvoie la valeur logique VRAI si une transaction est en cours.

ISUPPER(<expression caractères>) dBIII+

Renvoie la valeur logique VRAI si le premier caractère de la chaîne est une majuscule.

KEY([<fichier d'index MDX>,] <expression numérique> [,<nom d'alias>]) **dBIV 1.0**

Renvoie l'expression-clé d'un index NDX ou d'un repère d'index multiple MDX.

LASTKEY() **dBIV 1.0**

Renvoie le code ASCII de la dernière touche enfoncée.

LEFT(<expression caractère> **/<champ mémo>**,<expression numérique>**)** **dBIII+ (dBIV 1.0)**

Extrait de la chaîne de caractères ou du champ mémo, le nombre de caractères indiqué.

LIKE(<expression caractère 1>, <expression caractère 2>) **dBIV 1.0**

Renvoie la valeur logique VRAI ou si la deuxième chaîne de caractères est semblable à la première.

LINENO() **dBIV 1.0**

Renvoie le numéro de la prochaine ligne du programme en cours d'exécution.

LKSYS(<expression numérique>) **dBIV 1.0**

Renvoie soit l'heure, la date de verrouillage et le nom de l'utilisateur qui a verrouillé un enregistrement ou toute la base de données en mode multi-utilisateurs. Cette fonction requiert le champ _DBASELOCK créé par la commande CONVERT.

LOCK **dBIII+ (dIV 1.0)**
([<liste de numéros d'enregistrement>]
[,<nom d'alias>])

Dans un environnement multi-utilisateurs, renvoie la valeur logique FAUX si les enregistrements sont verrouillé par un autre utilisateur. Sinon dBase les verrouille et la fonction renvoie la valeur logique VRAI.

LOG10(<expression numérique>) **dBIV 1.0**

Renvoie le logarithme en base 10 du nombre spécifié.

LOOKUP(<champ 1>,<expression>, **dBIV 1.0**
<champ 2>)

Renvoie le contenu du champ 1, dans le cas où le champ 2 contient l'expression indiquée.

LTRIM(<expression caractère>) **dBIII+**

Supprime les espaces blancs à gauche de la chaîne de caractères.

LUPDATE([<nom d'alias>]) **dBIII+ (dBIV 1.0)**

Renvoie la date de la dernière mise à jour de la base de données.

MAX(<expression 1>,<expression 2>) **dBIII+**

Renvoie l'expression la plus élevée.

MDX(<expression numérique> **dBIV 1.0**
[,<nom d'alias>])

Renvoie le nom du fichier MDX d'après son numéro d'ordre d'ouverture.

MDY(<expression date>) **dBIV 1.0**

Convertit la date au format mois jj aa.

MEMLINES(<champ mémo>) **dBIV 1.0**

Renvoie le nombre de lignes qu'un champ mémo occupera à l'affichage en fonction de la valeur de la largeur déclarée par SET MEMOWIDTH.

MEMORY() **dBIV 1.0**

Renvoie le nombre de kilo-octets disponible dans la mémoire vive.

MENU() **dBIV 1.0**

Renvoie le nom du menu horizontal activé en dernier lieu.

MESSAGE() **dBIII+**

Renvoie le message correspondant à la dernière erreur survenue.

MIN(<expression 1>,<expression 2) **dBIII+**

Renvoie l'expression la plus basse.

MLINE(<nom de champ mémo>, **dBIV 1.0**
<expression numérique>)

Renvoie le texte de la ligne spécifiée du champ mémo en fonction de la largeur d'affichage définie par la commande SET MEMOWIDTH TO.

MOD(<expression 1>,<expression 2>) **dBIV 1.0**

Renvoie le reste de la division de l'expression 1 par l'expression 2.

NDX(<expression numérique [,<nom d'alias>]) **dBIII+ (dBIV 1.0)**

Renvoie le nom de l'index NDX ouvert en fonction de son numéro d'ordre d'ouverture.

NETWORK() **dBIV 1.0**

Renvoie la valeur logique VRAI si dBase fonctionne en réseau.

ORDER([<alias>]) **dBIV 1.0**

Renvoie le nom du fichier NDX ou celui du repère d'index MDX maître.

OS() **dBIII+**

Renvoie la version du système d'exploitation de l'ordinateur.

PAD() **dBIV 1.0**

Renvoie le nom de la dernière option sélectionnée dans un menu horizontal.

PAYMENT(<capital>,<taux d'intérêt>, <nombre de périodes>) **dBIV 1.0**

Renvoie les annuités nécessaires à l'amortissement d'un prêt effectué au taux d'intérêt et pour le nombre de périodes indiqué.

PI() **dBIV 1.0**

Renvoie la valeur 3,1415926535897932385 en format virgule flottante.

POPUP() **dBIV 1.0**

Renvoie le nom du menu vertical activé en dernier lieu.

PRINTSTATUS() **dBIV 1.0**

Renvoie la valeur logique VRAI si l'imprimante est prête.

PROGRAM() **dBIV 1.0**

Renvoie le nom du programme ou de la procédure en cours d'exécution lors de la dernière erreur.

PROMPT() **dBIV 1.0**

Renvoie le nom de la dernière option sélectionnée dans un menu (horizontal ou vertical).

PV(<paiement>,<taux d'intérêt>, <nombre de périodes>) **dBIV 1.0**

Renvoie la valeur d'une série de versements effectués pendant la période et au taux d'intérêt indiqués.

RAND([<expression numérique>]) **dBIV 1.0**

Renvoie un nombre aléatoire compris entre 0 et 1.

READKEY() **dBIII+**

Renvoie une valeur numérique correspondant à la touche utilisée pour quitter une saisie plein écran.

RECCOUNT([<nom d'alias>]) **dBIII+ (dBIV 1.0)**

Renvoie le nombre d'enregistrements de la base de données.

RECNO([<nom d'alias>]) **(dBIV 1.0)**

Renvoie le numéro de l'enregistrement pointé.

RECSIZE([<nom d'alias>]) **dBIII+ (dBIV 1.0)**

Renvoie la taille d'un enregistrement.

REPLICATE(<expression caractère>, **dBIII+**
<expression numérique>)

Reproduit la chaîne de caractères autant de fois qu'indiqué.

RIGHT(<expression caractère> **dBIII+ (dBIV 1.0)**
/<nom de champ mémo>,<expression numérique>)

Extrait, en commençant par la fin, le nombre de caractères indiqué dans une chaîne de caractères ou un champ mémo.

RLOCK() **dBIII+**

Voir LOCK().

ROLLBACK() **dBIV 1.0**

Renvoie la valeur logique VRAI lorsque la commande ROLLBACK a été correctement exécutée.

RTOD(<expression numérique>) **dBIV 1.0**

Convertit le nombre de radians précisés en degrés.

RTRIM(<expression caractère>) **dBIII+**

Supprime les espaces blancs à droite de la chaîne de caractères.

RUN(<expression caractère>) **dBIV 1.1**

Exécute la commande DOS entre parenthèses.

SEEK(<expression caractère> [,<nom d'alias>]) dBIV 1.0

Recherche l'enregistrement correspondant à l'expression et retourne la valeur logique VRAI en cas de succès.

SELECT() dBIV 1.0

Renvoie le numéro de la zone de travail disponible le plus élevé.

SET(<expression caractère>) dBIV 1.0

Renvoie le statut ON ou OFF du paramètre SET mentionné.

SIGN(<expression numérique>) dBIV 1.0

Renvoie -1 si l'expression est négative, 0 si elle est nulle et +1 si elle est positive.

SIN(<expression numérique>) dBIV 1.0

Renvoie le sinus de l'angle précisé.

SOUNDEX(<expression caractère>) dBIV 1.0

Renvoie un code phonétique permettant d'opérer des recherches sur des chaînes de caractères d'orthographe incertaine.

STUFF(<expression caractère 1>, <expression numérique 1>, <expression numérique 2>, <chaîne de caractères 2>) dBIII+

Insère la deuxième chaîne de caractères dans la première, à partir du caractère dont le rang est indiqué par la première expression numérique et en supprimant à partir de cette même position un nombre de caractères égal à la deuxième expression numérique.

TAG **dBIV 1.0**

([<nom de fichier d'index multiple MDX>,]
<expression numérique>[,<nom d'alias>])

Renvoie le nom du repère dont le rang est indiqué dans le fichier MDX spécifié.

TAN(<expression numérique>) **dBIV 1.0**

Renvoie la tangente de l'angle précisé en radians.

TRANSFORM(<expression >,<format>) **dBIII+**

Renvoie l'expression sous le format indiqué.

USER() **dBIV 1.0**

Renvoie le nom de l'utilisateur connecté au moyen de l'utilitaire PROTECT.

VARREAD() **dBIV 1.0**

Renvoie le nom du champ ou de la variable en cours d'édition.

VERSION() **dBIII+**

Renvoie le nom de la version de dBase utilisée.

WINDOW() **dBIV 1.1**

Renvoie le nom de la fenêtre active.

Annexe 3:

La structure des bases de données d'exemples

Voici la structure des quatre bases de données utilisées dans les exemples.

EMPLOYES.DBF

Numéro	Champ	Type	Largeur	Déc.
1	NUMERO	Numérique	4	
2	NOM	Caractère	15	
3	ENTREE	Date	8	
4	FONCTION	Caractère	15	
5	SALAIRE	Numérique	9	2
6	COMMISS	Numérique	9	2
7	PRIME	Logique	1	
8	SERVNO	Numérique	2	
** Total **			64	

SERVICE.DBF

Numéro	Champ	Type	Largeur	Déc.	Index
1	SERVNO	Numérique	2		N
2	NOMSERV	Caractère	15		N
3	LOCSERV	Caractère	15		N
4	NODEPT	Caractère	2		N
** Total **			35		

DEPART.DBF

Numéro	Champ	Type	Largeur	Déc.	Index
1	DEPTNO	Caractère	2		N
2	LIBELLE	Caractère	25		N
3	CHEF_LIEU	Caractère	20		N
** Total **			48		

BIBLIO.DBF

Numéro	Champ	Type	Largeur	Déc.	Index
1	AUTEUR	Caractère	50		N
2	TITRE1	Caractère	60		N
3	TITRE2	Caractère	60		N
4	GENRE1	Caractère	20		N

5	GENRE2	Caractère	20	N
6	COLLECT	Caractère	30	N
7	EDITEUR	Caractère	30	N
8	LIEU	Caractère	20	N
9	DATE	Caractère	4	N
10	SYNTHESE	Memo	10	N
** Total **			305	

Annexe 4:

La structure d'un fichier .DBF

Les fichiers de bases de données sont constitués de deux parties:

- l'en-tête;
- les enregistrements.

L'en-tête, détaillé ci-dessous, contient les informations de structure et de maintenance de la base de données:

OCTET	CONTENU	SIGNIFICATION
0	1 octet	bits 0-2: numéro de version de dBase bits 3-5: réservés à SQL bits 6-7: présence d'un champ mémo.
1-3	3 octets	Date de dernière mise à jour (aa mm jj)
4-7	nombre de 32 bits	Nombre d'enregistrements
8-9	nombre de 16 bits	Nombre d'octets de l'en-tête
10-11	nombre de 16 bits	Nombre d'octets d'un enregistrement
12-13	2 octets	Réservés
14	1 octet	Repère indiquant une transaction inachevée
15	1 octet	Repère d'encryptage
16-27	12 octets	Réservés pour l'utilisation en réseau local
28	1 octet	Repère de fichier de production .mdx: 01 si oui, 00 si non
29-31	3 octets	Réservés
32-n[10]	Blocs de 32 octets	Zone de description de champ (voir le tableau suivant)
n+1	1 octet	0D comme fin de champ

10 n est le dernier octet de la zone de définition des champs. La taille de cette zone dépend du nombre de champs dans le fichier.

La fonction ISMARKED() inspecte le repère de transaction (octet 14). BEGIN TRANSACTION lui donne la valeur 01, END TRANSACTION et ROLLBACK la valeur 00.

Si le repère d'encryptage (octet 15) a la valeur hexadécimale 01H, le message **Base de données encryptée** apparaît. Modifier la valeur de ce repère en 00H fait disparaître le message mais ne décrypte pas le fichier.

Pour chaque champ:

OCTET	CONTENU	SIGNIFICATION
0-10	11 octets	Nom de champ en ASCII
11	1 octet	Type de champ en ASCII (C, D, F, L, M ou N)
12-15	4 octets	Réservés
16	1 octet	Longueur de champ en binaire
17	1 octet	Nombre de décimales en binaire
18-19	2 octets	Réservés
20	1 octet	Identificateur de zone de travail
21-31	11 octets	Réservés

La fin du fichier est représentée par le code ASCII 26.

Exemple:

Les premiers octets de l'en-tête du fichier EMPLOYES.DBF (en hexadécimal):

```
8B 5B 02 15 12 00 00 00
31 01 40 00 00 00 00 00
00 00 00 00 00 00 00 00
00 00 00 00 01 00 19 02
4E 55 4D 45 52 4F 00 00
00 00 00 4E 03 00 90 64
04 00 00 00 01 00 00 00
00 00 00 00 00 00 00 00
4E 4F 4D 00 00 00 00 00
00 00 00 43 07 00 90 64
```

Octet 0: 8B (en binaire: 10001011)

100: version 1

010: réservés.

11: présence d'un champ mémo

Octets 3 à 1: 15 02 5B ou en décimal: 91 02 21

Date de la dernière mise à jour: 21/2/91

Octets 7 à 4: 00000012 ou en décimal: 18

Nombre d'enregistrements de la base de données: 18.

Octets 9 à 8: 0131 ou en décimal: 305

Nombre d'octets dans l'en-tête: 305.

Octets 11 à 10: 0040 ou en décimal: 64

64 octets par enregistrement.

Octets 12 et 13: 00 00

Réservés.

Octet 14: 00

Pas de transaction inachevée.

Octet 15: 00

Pas d'encryptage des données.

Octets 16 à 27: 00

Pas de réseau.

Octet 28: 01

Présence d'un fichier d'index multiple MDX.

Octet 29 à 31: 00 19 02

Réservés.

Octets 32 à 42: 4E 55 4D 45 52 4F 00 00 00 00 00 00

Codes ASCII du nom du premier champ: NUMERO.

Octet 43: 4E

Code ASCII de l'initiale du type de champ: Numérique.

Octets 44 à 47: 03 00 90 64

Réservés.

Octet 48: 04

Longueur du champ: 4 caractères.

Octet 49: 00

Nombre de décimales: 0.

Octets 50 et 51

Réservés.

Octet 52: 01

Zone de travail: 1.

Octets 53 à 63: 00

Réservés.

Octets 64 à 74: 4E 4F 4D

Nom du champ en ASCII: NOM.

et ainsi de suite...

Annexe 5:

Les extensions des noms de fichiers

dBase IV reprend et complète les extensions employées par les versions précédentes.

EXTENSION	TYPE DE FICHIER	dBase III	dBase III+	dBase IV
.$$$	Fichier temporaire de travail.	✔	✔	✔
.APP	Application produite par le générateur d'applications.			✔
.BAK	Copie de sécurité de divers fichiers.	✔	✔	✔
.BAR	Conception d'un menu horizontal (générateur d'applications).			✔
.BCH	Conception de procédure (générateur d'applications).			✔
.BIN	Fichier binaire.			✔
.CAT	Catalogue.		✔	✔
.COD	Fichier source de modèle de générateur automatique.			✔
.CPT	Fichier mémo encrypté.			✔
.CRP	Fichier d'information utilisé par le mot de passe (créé par le programme PROTECT).			✔
.DB	Fichier de configuration de dBase.	✔	✔	✔
.DB2	Base de données de dBase II renommé.			✔
.DBF	Base de données.	✔	✔	✔
.DBO	Fichier objet de commandes et de procédures.			✔
.DBT	Fichier contenant le texte des champs mémo.	✔	✔	✔
.DOC	Documentation (générateur d'applications			✔

EXTENSION	TYPE DE FICHIER	dBase III	dBase III+	dBase IV
.FIL	Conception de menu - liste de fichiers (générateur d'applications).			✔
.FMT	Programme de génération d'un format d'écran de saisie.		✔	✔
.FR3	Format de rapport (FRM) de dBase III+ renommé.			✔
.FRG	Format de rapport généré à partir d'un fichier FRM.			✔
.FRM	Format de rapport.	✔	✔	✔
.FRO	Format de rapport compilé.			✔
.GEN	Modèle de générateur automatique.			✔
.LB3	Format d'étiquettes (.LBL) de dBase III renommé.			✔
.LBG	Format d'étiquettes généré sur base d'un fichier LBL			✔
.LBL	Format d'étiquettes.	✔	✔	✔
.LBO	Format d'étiquettes compilé.			✔
.LOG	Enregistrement des transactions.			✔
.MDX	Fichier d'index multiple.			✔
.MEM	Sauvegarde de variables.	✔	✔	✔
.NDX	Fichier d'index simple.	✔	✔	✔
.NPI	Interprétation de rapports, étiquettes et écrans (générateur de modèles)			✔
.POP	Conception d'un menu vertical (générateur d'applications).			✔
.PR2	Pilote d'imprimante.			✔

EXTENSION	TYPE DE FICHIER	dBase III	dBase III+	dBase IV
.PRF	Paramètres d'impression.			✔
.PRG	Commandes et procédures dBase.	✔	✔	✔
.PRS	Commandes et procédures SQL.			✔
.PRT	Fichier d'impression.			✔
Q8E	FICHIER D'IMPRESSION			✔
.QBO	Fichier d'extraction (QBE) compilé.			✔
.SC3	Fichier d'écran (.scr) de dBase III renommé.			✔
.SCR	Ecran de saisie.		✔	✔
.STR	Conception de menus - liste de champs (générateur d'applications).			✔
.T44/W44	Fichiers intermédiaires de travail utilisés par les commandes SORT et INDEX	✔	✔	✔
.TBK	Copie de sécurité des fichiers de texte des champs mémo.	✔	✔	✔
.TXT	Fichier texte ASCII.	✔	✔	✔
.UPD	Mise à jour dans une extraction.			✔
.UPO	Mise à jour compilée à partir d'un fichier UPD.			✔
.VAL	Conception de menus - liste de données (générateur d'applications).			✔
.VUE	Vue créée par la commande CREATE VUE.		✔	✔
.WIN	Définition de fenêtres.			✔

Table des matières

1

L'Informatique chez Marabout

PC et compatibles

100 meilleurs logiciels pour PC (Les)	MS876
Aide-mémoire de C	MS937
Aide-mémoire de dBase III Plus	MS853
Aide-mémoire de dBase IV	MS946
Aide-mémoire de GW-Basic	MS850
Aide-mémoire de Lotus 1-2-3	MS932
Aide-mémoire de MS-DOS	MS852
Aide-mémoire de PageMaker 3 sur PC	MS944
Aide-mémoire de PC-Tools (à paraître)	MS873
Aide-mémoire de Turbo-Pascal	MS851
Aide-mémoire de Ventura 1 et 2	MS879
Aide-mémoire de Word 5 et 5.5 sur PC (à paraître)	MS942
Aide-mémoire de Word 4 sur PC	MS869
Aide-mémoire de WordPerfect sur PC	MS871
Aide-mémoire des interruptions	MS923
Aide-mémoire des virus (à paraître)	MS941
Assembleur facile sur PC	MS885
C avancé	MS907
C facile	MS857
Comment choisir son micro-ordinateur	MS814
Comment choisir un traitement de texte	MS913
dBase IV en mode Assist	MS952
dBase IV facile	MS900
De dBase III à dBase IV	MS935
Devenir Champion de dBase III	MS107
Devenir Champion de Excel sur PC	MS120
Devenir Champion de fonctions mathématiques et financières	MS116

Devenir Champion de Graph-in-the-Box	MS109
Devenir Champion de Logo Plus	MS106
Devenir Champion de MS-DOS	MS112
Devenir Champion de Multiplan	MS113
Devenir Champion de Programmation structurée et GW-Basic (tome I)	MS111
Devenir Champion de Programmation structurée et GW-Basic (tome II)	MS115
Devenir Champion de VP-Planner	MS108
Devenir Champion de Word 3	MS105
Devenir Champion en calcul avec Eureka	MS117
Dictionnaire des sigles et acronymes utilisés en informatique (à paraître)	MS966
Dictionnaire du graphisme en informatique (à paraître)	MS964
Excel facile sur PC	MS921
FrameWork I et II facile	MS844
FrameWork III facile	MS899
Grandes règles de la programmation en Basic (Les)	MS838
Graphiques d'entreprise (Les)	MS957
Harvard Graphics facile (à paraître)	MS961
Indispensable pour Autocad (L')	MS930
Indispensable pour communiquer avec son micro-ordinateur	MS927
Indispensable pour comprendre et utiliser la couleur (L')	MS953
Indispensable pour IBM-PC et compatibles (L')	MS845
Indispensable pour informatiser votre PME (L')	MS949
Indispensable pour la CAO (L')	MS960
Indispensable pour la comptabilité sur micro-ordinateur (L')	MS962
Indispensable pour la micro-édition (L')	MS813
Indispensable pour la musique assistée par ordinateur (L')	MS862
Indispensable pour les imprimantes (L') (à paraître)	MS965
Indispensable pour les utilitaires du domaine public (L')	MS931
Indispensable pour Turbo-Pascal 3-4-5 (L')	MS909
Indispensable pour WordStar (L')	MS849
Langage Objets facile (Le)	MS954
Lotus 1-2-3 avancé	MS865
Lotus 1-2-3 facile	MS847
Lotus 1-2-3 versions 2 et 3 facile	MS936
Maîtrise des programmes résidents sous MS-DOS (La)	MS815
Maîtrise du MS-DOS et du BIOS	MS893
Meilleurs jeux pour micro-ordinateur (Pc-Atari-Amiga) (Les)	MS928
Mise en page avec WordPerfect 5.0 et 5.1 sur PC	MS951
MS-DOS facile	MS843
MS-Dos 4.0 facile	MS943
MS-Dos perfectionnement	MS870
Multiplan 3 et 4 facile	MS945
Multiplan facile	MS842
Norton facile	MS892
Ordinateur chez soi (Le guide Marabout de l'-)	MS830
Organisez votre disque dur	MS848
PageMaker facile sur PC	MS896
PC Tools facile	MS947

Piratage informatique (Le)	MS958
PostScript facile	MS878
Premiers pas en informatique	GM47
Programmation avancée du MS-DOS (à paraître)	MS940
Programmer chez soi le Basic	MS831
Quattro facile sur PC	MS920
Quick Basic facile	MS950
Rapidfile facile	MS890
RBase facile	MS917
Réseaux locaux (Les)	MS922
SimCity facile	MS866
Sprint facile	MS859
SQL facile sur dBase IV	MS915
SuperBase 4.0 facile (à paraître)	MS963
Symphony facile	MS919
Synthétiseur et les autres claviers électroniques	MS955
Turbo Basic facile	MS888
Turbo Debugger facile (à paraître)	MS938
Turbo Pascal facile	MS846
Turbo Pascal 3 4 5 facile	MS909
Turbo Pascal 4 facile	MS860
Turbo Prolog facile	MS916
Ventura facile	MS858
Virus informatiques (Les)	MS906
Windows facile	MS895
Windows 2 et 386 facile	MS904
Windows 3 facile (à paraître)	N
Word 3 facile sur PC	MS864
Word 4 et 5 avancé (les macro-commandes)	MS929
WordPerfect facile sur PC	MS894
WordStar facile	MS841
WordStar 4.0 facile	MS902
Works facile sur PC	MS908

IMPRESSION : BUSSIÈRE S.A., SAINT-AMAND (CHER). — N° 2310
D.L. AOÛT 1991/0099/251

ISBN 2-501-01377-8

Imprimé en France